U0636755

2020 年北京市社会科学基金决策咨询项目（20JCC022）

现代农业产业技术体系北京市创新团队（BAIC11-2022）

北京电商乳制品
安全监管机制研究

王琛　刘芳◎著

中国商务出版社
CHINA COMMERCE AND TRADE PRESS

图书在版编目（CIP）数据

北京电商乳制品安全监管机制研究 / 王琛，刘芳著
. — 北京：中国商务出版社，2022.12
ISBN 978-7-5103-4616-3

Ⅰ . ①北… Ⅱ . ①王… ②刘… Ⅲ . ①乳制品 — 网络
营销 — 食品安全 — 安全管理 — 研究 — 北京 Ⅳ .
① F426.82

中国版本图书馆 CIP 数据核字（2022）第 245503 号

北京电商乳制品安全监管机制研究

BEIJING DIANSHANG RUZHIPIN ANQUAN JIANGUAN JIZHI YANJIU

王琛　刘芳　著

出　　　版：中国商务出版社
地　　　址：北京市东城区安外东后巷 28 号　　邮　编：100710
责任部门：教育事业部（010-64255862　cctpswb@163.com）
责任编辑：刘豪
直销客服：010-64255862
总 发 行：中国商务出版社发行部（010-64208388　64515150）
网购零售：中国商务出版社淘宝店（010-64286917）
网　　　址：http://www.cctpress.com
网　　　店：http://shop595663922.taobao.com
邮　　　箱：cctp@cctpress.com
排　　　版：德州华朔广告有限公司
印　　　刷：北京建宏印刷有限公司
开　　　本：710 毫米 ×1000 毫米　1/16
印　　　张：12　　　　　　　　　　　　字　数：172 千字
版　　　次：2022 年 12 月第 1 版　　　　印　次：2022 年 12 月第 1 次印刷
书　　　号：ISBN 978-7-5103-4616-3
定　　　价：48.00 元

凡所购本版图书如有印装质量问题，请与本社印制部联系（电话：010-64248236）

版权所有　盗版必究（盗版侵权举报请与本社总编室联系：010-64212247）

序言

由于网络食品交易具有跨地域性、隐蔽性、虚拟性等新特点，所以电商食品的迅猛发展带来了新的食品安全监管问题，对相关监管部门提出了新的挑战和要求。本书以电商乳制品为切入点，基于协同治理框架，针对乳制品电商完整供应链，研究在"互联网＋"背景下，电商食品质量安全监管机制的创新发展，为北京市现代化食品安全监管体系的优化完善以及乳制品行业的健康发展提供理论依据与对策建议。

首先，本书基于北京市电商乳制品供应链涉及的上游供货方、中游供货方、电商平台、物流方及消费者五方主体的发展现状，结合对供应链主体的联结模式与当前安全监管的主要部门、监管目标、监管流程、监管工具以及监管机制等的梳理总结，研究认为现阶段的监管还存在四个方面的主要问题：监管模式与电商乳制品交易发展不匹配、监管流程和环节存在盲区、缺乏针对新兴电商模式的监管办法、监管工作数据信息化还有待完善。

其次，通过对北京市电商乳制品消费情况进行问卷调查，研究监管机制对电商乳制品的消费行为的影响及其路径，以及利用电商平台乳制品消费反馈信息大数据进行文本挖掘，得到以下结论：（1）对政府食品安全监管的了解和信任会促进消费者对国内电商乳制品的购买需求，并有效降低对进口商品的支付意愿，从而有利于提升国内乳制品市场竞争力;(2)电商乳制品的消费者对商品价格相对不敏感,而价格相对较高、质量较好的产品更符合消费者的消费需求,并能够提升反馈满意度,所以应该引导企业进行供给侧改革,为实现质量提升,可在适度范围内增加商品成本和价格;(3)除乳制品本身品质外,消费者对电商乳制品消费的负面反馈主要集中在售后服务、物流配送和平台的营销活动等环节,这些环节在目前的监管体系中还非常薄弱。

为解决目前北京电商乳制品安全监管及消费者反馈中存在的主要问题,创新监管模式、优化监管绩效,在消费者反馈机制下,本研究构建了基于消费者、乳制品企业、政府监管部门以及第三方之间的多元关联主体协同监管机制,并通过数据仿真,证明该机制的实施能够实现乳制品企业收益提升、消费者满意度提高的目标。为保障该机制的实现,本研究又构建了"5-3-3"监管体系优化方案,即通过明确监管目标、树立监管原则、构建监管方案、评价监管绩效、持续监管优化五个步骤,建立电商乳制品供应链"事前""事中""事后"监管节点,创新建立"互联网+"监管信息大数据平台、乳制品电商信息溯源体系、协同治理信息反馈机制三大管理方案。

此外,为了在政府引导下逐步形成协同治理的监管机制与体系,调整各方主体监管职能,重塑政府治理模式,发挥多元协同监管的优势,促进电商领域与乳制品产业的健康发展,充分保障消费者的权益以及满足消费者安全消费的需要,本研究提出了六项政策建议:(1)进一步完善电商食品质量安全立法,营造法制氛围;(2)构建多元主体协同的监管机制,完善监管体系建设;(3)加强监管参与度与政策宣传力度,树立政府公信力;(4)完善售后服务与第三方认证,促进电商乳制品市场良性发展;(5)积极引导乳制品企业提供高质量产品，推进供给侧改革与行业优化升级；（6）重点建成三大信息共享管理平台，完善社会化监管等。

本书得到了北京市社会科学基金决策咨询项目、现代农业产业技术体系北京市创新团队等项目的资助。在调研与撰写过程中，得到了北京市市场监督管理局、北京市农业农村局等部门的大力支持，在此表示诚挚的感谢！由于时间和水平有限，错误和不足在所难免，敬请大家批评指正。

著 者

2022年11月

目 录

第1章

导　论

1.1 研究背景与意义

1.1.1 研究背景

根据中国互联网络信息中心（CNNIC）发布的第46次《中国互联网络发展状况统计报告》中的数据，截至2020年6月，我国电商直播用户规模达3.09亿，网络零售用户规模达7.49亿，占网民整体的79.7%，市场连续七年保持全球第一。新零售浪潮下，网络食品交易也快速发展，拓宽了食品企业的营销渠道（尹相荣 等，2020）[①]。由于网络食品交易具有跨地域性、隐蔽性、虚拟性等新特点（赵鹏，2017）[②]，所以电商食品的迅猛发展带来了新的食品安全监管问题，对相关监管部门提出了新的挑战和要求。早期的食品安全监管研究主要强调政府对食品市场的干预，但日益庞杂的食品安全治理工作涉及食品领域的专业知识与多种信息传递渠道，政府单一监管模式已不能满足消费者对安全食品的需求（Antle，2019）[③]。按照政府对私人经济部门的授权程度，将食品安全协同监管归结为"自上而下"和"自下而上"两种模式（Martinez 等，1999）[④]。在此背景下，许多学者从多个角度、不同层面对我国食品安全监管问题进行了广泛研究（谢康，2017[⑤]；周开国，2016[⑥]），

[①] 尹相荣，洪岚，王珍.网络平台交易情境下的食品安全监管：基于协同监管和信息共享的新型模式[J].当代经济管理，2020，42（9）：41-52.

[②] 赵鹏.超越平台责任：网络食品交易规制模式之反思[J].华东政法大学学报，2017（1）：60-71.

[③] Antle J M. Benefits and Costs of Food Safety Regulation[J]. Food Policy, 1999, 24（6）：605-623.

[④] Martinez M G, Fearne A, Caswell J A, Henson S. Co-regulation as a Possible Model for Food Safety Governance: Opportunities for Public–private Partnerships[J]. Food Policy, 2007, 32（3）:299-314.

[⑤] 谢康，刘意，肖静华，刘亚平.政府支持型自组织构建：基于深圳食品安全社会共治的案例研究[J].管理世界，2017（8）：64-80，105.

[⑥] 周开国，杨海生，伍颖华.食品安全监督机制研究：媒体、资本市场与政府协同治理[J].经济研究，2016，51（9）：58-72.

认为必须拓宽关联主体进入监管体系的路径，实现"政府＋关联多主体"的协同监管体系是健全优化食品安全监管的重要内容。2019年发布的《中共中央 国务院关于深化改革加强食品安全工作的意见》中也强调食品安全协同治理新模式，指出该模式是适应多级多维食品产销渠道发展的监管工作发展新方向。

根据星图数据研究报告，2018年我国乳制品电商交易规模超过2 000亿元，并在随后6个季度保持稳定增长，其中液态奶的线上交易量超过市场份额的1/3，奶粉线上交易量更是超过市场份额的80%，线上交易已逐渐成为乳制品的主要消费模式，并仍有广阔的发展空间。北京市电子商务上市公司占全国的1/3，并且具有完整的乳制品产销供应链体系，人均乳制品年消费量达到50千克，超过全国平均水平一倍以上，所以北京电商乳制品的发展在全国具有代表性和示范作用。本书以电商乳制品为切入点，基于协同治理框架，针对北京电商乳制品生产供应链，研究在"互联网＋"背景下电商食品质量安全监管机制的创新发展，为北京市现代化食品安全监管体系的优化完善以及乳制品行业的健康发展提供理论依据与对策建议。

1.1.2 研究意义

从理论价值上看，本研究是食品安全监管领域协同共治管理理论与虚拟经济领域社会化电子商务理论在乳制品产业发展中的有机结合，通过消费者反馈机制，构建了基于四方主体的协同监管机制，并结合电商乳制品全供应链环节的大数据分析，更加清晰地刻画了电商乳制品协同监管的核心内涵，并构建了协同监管的实施路径，从理论上完善了电商乳制品的安全监管体系，找到了突破管理困境和扫除监管盲点的有效对策。

从实践价值上看，随着电商平台乳制品消费市场的进一步发展，以及疫情下这一趋势的进一步加速，电商乳制品安全监管问题亟待完善，传统食品安全监管抽检模式也需要革新，电商食品安全监管的部门协作需要资源协调与组织，监管体制的碎片化问题需要解决，这些都需要构建协同治理的电商乳制品安全监管机制，并为相关政府监管部门监管体系的构建与关键信息环节的打通提供实施方案与政策建议，为有关部门制定多部门协同治理监管策略提供政策依据。

1.2 文献综述

市场失灵是政府进行监管的合理化依据，而食品安全领域由于安全风险信息的不对称和公共物品属性，使得市场机制无法提供最完善的安全保障，更需要安全监管。围绕食品安全监管这一问题，国内外学者进行了广泛研究，主要从政府监管的合理性、协同监管、消费者反馈机制以及供应链全链监管等方面展开。

从研究历史沿革方面来看，Martinez（1979）[1]最早按照政府对私人经济部门的授权程度，将食品安全协同监管归结为"自上而下"和"自下而上"两种模式后，国外一些学者认为完善的监管制度、相关部门加强对食品行业的监管力度有利于保障乳制品质量安全（Magill，1995[2]；Biles，2000[3]；Romano，2004[4]）。Resnick（2020）[5]提出通过消费者的线上反馈机制可以有效区分优质商家与不良商家，同时也能够激励平台内的商家诚信经营，从而

---

[1]　Martinez M G, Fearne A, Caswell J A, Henson S. Co-regulation as a Possible Model for Food Safety Governance: Opportunities for Public–private Partnerships[J]. Food Policy, 2007, 32（3）: 299-314.

[2]　Magill M E. Congressional control over agency rulemaking: the Nutrition Labeling and Education Actfs hammer provisions[J].Food & Drug Law Journal, 1995, 50（1）: 149.

[3]　Biles R. Southern Paternalism and the American Welfare State: Economics, Politics, and Institutions in the South, 1865-1965 [J].Southern Economic Journal, 2000, 86（4）: 1794-1821.

[4]　Romano D, Cavicchi A, Rocchi B, et al. Costs and Benefits of Compliance for HACCP Regulation in the Italian Meat and Dairy Sector[C]//Seminar, February 8-11, 2004, Zeist, the Netherlands. European Association of Agricultural Economists, 2004: 1-10.

[5]　Resnick P, Zeckhauser R, Friedman E, Kuwabara K. Reputation Systems[J].Communications of the ACM, 2000, 43（12）: 45-58.

提高线上购物市场整体的产品质量。Eouvière（2012）[①]认为食品质量监管需要政府、非政府组织、公众个人共同制定法律或治理规则。Xinting Yang 等（2016）[②]研究开发了一种由政府部门驱动，由第三方机构应用的农产品实时认证与监督系统；Aung 等（2014）[③]和Brashears 等（2017）[④]认为良好的可追溯系统能够给食品生产企业带来竞争优势，同时给食品质量监管减轻压力；李雅萍（2019）[⑤]将社会共治理念引入电商产品质量监管过程，提出并建立了电商产品质量社会共治监管模式。通过构建相关主体之间的监管博弈模型，从而揭示了监管过程中各相关主体之间的作用机制。

从协同监管机制方面来看，叶碧涵（2019）[⑥]基于三方静态博弈模型，通过外卖食品监管中政府、外卖平台、外卖商店三者之间的行为分析，发现加强对各主体合谋行为的惩罚力度是抑制合谋的关键。种中娇（2018）[⑦]提出政府监管部门的绩效考核奖励、第三方监督主体发挥作用是影响政府监管力度和网络交易平台决策的重要因素。赵德余（2020）[⑧]提出政府与社会组织在质量监管过程中的协调成本以及对生产企业的监管力度，需要通过各个行为主体之间的协同监管程度加以明确。苗珊珊（2018）[⑨]、常乐（2020）[⑩]基于演化博弈方法，通过建立"食品企业—消费者—监管机构""政府—企

① Eouvière E，Caswell J A. From Punishment to Prevention：A French Case Study of the Introduction of Co-Regulation in Enforcing Food Safety [J].Food Policy，2012，37（3）：246-254.

② Yang X T，et al. A real-time agro-food authentication and supervision system on a novel code for improving traceability credibility[J]. Food Control，2016，66：17-26.

③ Aung M M，Chang Y S. Traceability in a food supply chain：Safety and quality perspectives [J]. Food Control，2014，39：172-184.

④ Brashears M M，Chaves B D. The diversity of beef safety：A global reason to strengthen our current systems [J]. Meat Science，2017，132：59-71.

⑤ 李雅萍.社会共治视角下网络购物产品质量监管的多方博弈研究 [D].济南：山东大学，2019.

⑥ 叶碧涵，孙绍荣.基于三方博弈模型的外卖合谋监管制度设计 [J].电子商务，2019（7）：13-16.

⑦ 种中娇，张红霞.网购食品安全监管演化博弈分析 [J].佳木斯职业学院学报，2018（12）：416-418，420.

⑧ 赵德余，唐博.食品安全共同监管的多主体博弈 [J].华南农业大学学报（社会科学版），2020，19（5）：80-92.

⑨ 苗珊珊，李鹏杰.基于第三方检测机构的食品安全共治演化博弈分析 [J].资源开发与市场，2018，34（7）：912-918.

⑩ 常乐，刘长玉，等.社会共治下的食品企业失信经营问题三方演化博弈研究 [J]. 中国管理科学，2020，28（9）：221-230.

业—第三方检测机构"的演化博弈模型，对实现食品质量安全的社会共治提出政策建议。

从消费者反馈机制方面来看，一些学者通过研究发现消费者对食品安全监管整体满意度、对食品安全问题维权认知程度、对食品安全问题维权渠道、对食品安全问题积极性等是影响食品质量安全监管效果的重要因素，从而提出鼓励消费者积极维权、引导乳制品企业自律及加强政府监管等政策建议（桑秀丽，2012[1]；王文信，2017[2]；佟烁，2018[3]）。魏云凤（2013）[4]基于社会责任视角的乳制品安全，通过构建生产企业与消费者的动态博弈模型，分析企业面对消费者反馈机制下的策略选择。杨倍贝（2016）[5]通过构建食品生产企业与消费者博弈模型，提出消费者对可追溯性食品的认知程度以及市场上食品信息不完整是约束我国食品安全的关键因素。朱立龙（2019）[6]和孙淑慧（2019）[7]基于消费者反馈机制，构建了食品生产企业、政府和第三方监管部门之间的三方演化博弈模型。王铁骊（2020）[8]通过引入价值感知构建了基于消费者感知的三方动态博弈模型，并通过此模型来探讨企业、政府及消费者对外卖食品安全的影响因素研究。

从供应链监管方面来看，Willem（1999）[9]等研究了农产品供应链中的质量保证问题，提出运用集成链的质量保证方法来改进农产品供应链中的质量

---

① 桑秀丽，肖汉杰，等.食品市场诚信缺失问题探究：基于政府、企业和消费者三方博弈关系[J].社会科学家，2012，（6）：51-54.

② 王文信，孙乾晋.消费者信任对乳制品购买意愿的影响研究[J].中国畜牧杂志，2017，53（7）.

③ 佟烁.消费者视角下网售进口食品安全监管满意度的影响因素实证分析[D].大连：东北财经大学，2018.

④ 魏云凤.基于社会责任视角的乳制品安全问题博弈研究[D].重庆：西南大学，2013.

⑤ 杨倍贝.具有可追溯性食品市场的博弈分析[J].农技服务，2016，33（14）：12-13.

⑥ 朱立龙，孙淑慧.消费者反馈机制下食品质量安全监管三方演化博弈及仿真分析[J].重庆大学学报，2019（3）：94-107.

⑦ 孙淑慧.基于演化博弈的多主体参与下食品质量监管机制研究[D].济南：山东师范大学，2019.

⑧ 王铁骊，向楚尧.动态博弈视角下的第三方外卖平台上食品安全研究[J].南华大学学报.2020，21（2）：55-60.

⑨ Willem Z, Trienekens J. Quality assurance in food and agribusiness supply chains: developing successful partnerships[J].International Journal of Production Economics, 1999: 60-61, 271-279.

安全问题。Lachenmeier（2013）[1]等人认为电商食品质量监管存在很多空白，诸如运输过程中电商食品受到污染或者食品安全的潜在危害等问题。为此政府应制定专门的互联网市场政策法案，从而确保电商食品的质量安全问题。Chialin Chen 等（2014）[2]研究了食品供应链管理中关于质量控制的管理和政策问题。周新宇（2017）[3]借助食品供应链结构，研究食品安全相关利益主体的行为策略，借以分析出食品质量安全的解决策略。一些学者提出完成整个食品供应链质量管理保障的研究，需要通过促进乳品供应链质量协同控制、建立科学的可持续发展的可追溯体系、建立农产品供应链管理质量安全集成平台来加以实现（吴强，2020[4]；涂家鑫，2020[5]；陈小霖，2007[6]）。

以上文献主要从协同监管机制、消费者反馈机制、供应链监管等方面对乳制品质量监管问题进行研究，为本研究提供了良好的借鉴，包括：（1）共同治理是北京市电商乳制品安全监管机制优化的重要方向；（2）要构建多主体协同监管，重要的是解决协同主体的参与责任与协同机制；（3）已有文献大多采用双方或三方博弈的思想，对乳制品质量监管主体进行分析，在网络电商不断发展的时代，双方或三方主体监管机制已不能满足食品安全的要求，且消费者反馈的可获得性大大增强，这也为本研究构建多渠道主体监管模式奠定了基础；（4）消费者反馈在电商乳制品协同监管中起到结果导向和解决信息不对称的关键作用；（5）解决电商乳制品安全监管还要夯实供应链各环节的基础监管工作。

基于上述研究现状，本研究在协同治理视域下，针对北京市电商乳制品

① Lachenmeier D W, Löbell-behrends S, Böse Marx G W. Does European Union food policy privilege the internet market? Suggestions for a specialized regulatory framework[J]. Food Control, 2013, 30（2）: 705-713.

② Chen C, et al. Quality control in food supply chain management: An analytical model and case study of the adulterated milk incident in China [J]. International Journal of Production Economics, 2014, 152: 188-199.

③ 周新宇.供应链视角下我国食品安全信息披露博弈分析[D].哈尔滨：黑龙江大学，2017.

④ 吴强.乳品供应链质量协同控制及其运行机制研究[D].济南：山东农业大学，2020.

⑤ 涂家鑫.可追溯农产品供应链中质量安全监督意愿问题研究[D].杭州：浙江工业大学，2020.

⑥ 陈小霖.供应链环境下的农产品质量安全保障研究[D].南京：南京理工大学，2007.

的快速发展，基于多元关联主体的电商乳制品协同安全监管的创新机制与实现路径，为北京市现代化食品安全监管体系的完善以及乳制品行业的健康发展提供政策建议。

1.3 重要概念界定及相关理论

1.3.1 电商乳制品

（1）乳制品

根据国际乳业联合会（IDF）的定义，乳制品一般包含液态奶和干乳制品，液态奶包含酸奶和鲜奶，干乳制品包括奶粉、乳清、炼乳、奶油、奶酪等。根据电商平台乳制品销售的主要品类特征与不同类型乳制品对运输和储存的需求，本研究涉及的乳制品分类为：

①低温奶：也称低温杀菌乳，保质期较短，一般为半个月以内，保留了生鲜乳中约80%的营养物质，以及一些对人体有益的微生物，这种乳制品从"生鲜乳的采集—乳制品加工—乳制品运输和销售"全部环节均须保持在0～4℃，否则会造成营养物质失活和腐败。

②酸奶：保质期一般在1个月以内，也属于保质期较短的乳制品，能够促进消化系统的平衡和新陈代谢，需要运用冷藏车进行冷链运输，在销售时也需要储存在冷柜当中，实现保鲜的目的，保存温度宜为–4～4℃。

③奶粉（乳粉）：包括全脂乳粉、脱脂乳粉、全脂加糖乳粉、调味乳粉、婴幼儿乳粉和其他配方乳粉，其实很简单，就是液态奶利用喷雾干燥的形式干燥成的粉。

④纯牛奶：包含两类，一是超高温灭菌乳（ultra high-temperature milk，简称UHT奶），以生牛（羊）乳为原料，添加或不添加复原乳，在连续流动的状态下，加热到至少132℃并保持很短时间的灭菌，再经无菌灌装等工序

制成的液体产品。二是保持灭菌乳（retort sterilized milk），是以生牛（羊）乳为原料，添加或不添加复原乳，无论是否经过预热处理，在灌装并密封之后经灭菌等工序制成的液体产品[①]。

⑤含乳饮料：是指以鲜乳或乳制品为原料，经发酵或未经发酵加工制成的制品。含乳饮料分为配制型含乳饮料和发酵型含乳饮料。其中，配制型含乳饮料的蛋白质含量应不低于1.0%；发酵型含乳饮料中蛋白质含量不低于1.0%的称为乳酸菌乳饮料，蛋白质含量不低于0.7%的称为乳酸菌饮料。

（2）电商乳制品的特殊性

电商乳制品是乳制品和电子商务的结合，即通过电商平台这个虚拟载体进行销售的乳制品。电商乳制品具有电商食品的一般特征：买卖双方信息不对称、交易范围广、电商渠道物流配送，乳制品销售者具有隐蔽性、虚拟性和跨地域性；经营方食品经营许可中要增加"通过网络经营"选项，电商平台要履行登记审查义务、忠实告知义务和管理报告义务等。与传统销售渠道乳制品的流通消费最大的不同是，电商乳制品需要由电商平台进行物流配送，这虽然节省了消费者的购买成本，但也增加了在物流配送过程中的货损、丢失等风险和乳制品品质监管的不确定性。

1.3.2 食品安全监管

（1）食品安全

1996年，世界卫生组织在《加强国家级食品安全计划指南》中定义，"食品安全"是为了确保食品安全性和适用性，在食物链的所有阶段必须采取的一切条件和措施[②]。1995年，我国发布的《食品工业基本术语》（GB15901—1995）的表述是："食品卫生是为了防止食品被有害物质（包括物理、化学、微生物等方面）污染，使食品有益于人体健康所采取的各种措施。同义词是食品安全。"2003年4月25日《国务院办公厅关于印发国家食

---

① 食品安全国家标准.灭菌乳：GB 25190—2010[S].中华人民共和国卫生部，2010：1.
② 刘录民.我国食品安全监管体系研究[M].北京：中国质检出版社，2013：16.

品药品监督管理局主要职责内设机构人员编制规定的通知》（国办发〔2003〕31号）明确指出，国家食品药品监督管理局应承担"食品安全"管理的综合监督职能。2004年9月1日《国务院关于进一步加强食品安全工作的决定》（国办发〔2004〕23号）使用了涉及"食品安全"的众多术语，包括食品安全工作、食品安全形势、食品安全状况、食品安全问题、食品安全监管、食品安全法律、食品安全制度、食品安全标准等，这标志着"食品安全"的概念开始得到广泛使用。2009年2月28日，第十一届全国人大常委会第七次会议通过的《中华人民共和国食品安全法》规定：食品安全，指食品无毒、无害，符合应当有的营养要求，对人体健康不造成任何急性、亚急性或慢性危害[①]。《中华人民共和国食品安全法》（2021年修订版）规定："食品安全，指食品无毒、无害，符合应当有的营养要求，对人体健康不造成任何急性、亚急性或者慢性危害。"[②]

（2）监管

《牛津法律大辞典》对监管的解释是："广义上指任何旨在规范行为的法律规定，而它通常指政府各部门按照法定权力所发布的各种从属性法律。"[③]《布莱克法律词典》的表达是："它是制定规则或条件的权力，通过遵守这些规则或执行这些条件以决定什么情况下免除义务，什么情况下应课以义务或其他税收。这个权力也包括在它的控制下所有的工具和手段，通过这些工具，商业能够顺利进行。"[④]我国著名经济学家樊纲认为"监管是特指政府对私人经济部门的活动进行的某种规定"[⑤]。根据对各类概念的梳理，本研究把监管界定为："以政府为主要部门，以多元关联主体参与为辅助，依据法律、法规等规范，管理和控制各类微观市场主体的经营行为导致的纠正市场失灵的问题。"

---

① 参见《中华人民共和国食品安全法》第九十九条。
②《中华人民共和国食品安全法》（2021年修订版）第十章第一百五十条。
③ 戴维·沃克.牛津法律大辞典[M].北京：法律出版社，2003：954.
④ Black H C. Black's Law Dictionary[M]. St.Paul：West Publishing，1891：1009.
⑤ 樊纲.市场机制与经济效率[M].上海：上海三联书店，1995：173.

食品安全监管从属于监管概念，其内涵局限于食品安全问题这个特定的领域，主要涉及食品行业的政府公共管理行为、经济学管制的成本收益分析、法学中相关法律法规的制定和修改等部分[①]。

1.3.3 协同治理理论

（1）整体治理理论

所谓的整体性治理是在新公共管理理论不适用性逐渐显现[②]，基于信息技术快速发展，结合经济全球化时代背景下所产生的政府公共管理新模式。佩里·希克斯等根据政府片面追求效率而产生"碎片化"的社会管理问题，通过对实施20年之久的新公共管理进行深刻反思，提出了整体性治理（Holistic Governance）的新理念。他强调在保留政府管理部门专业化分工和组织边界的前提下，通过信息技术手段实现社会公共服务体系各成员间联动协同行动，提高社会治理整体效能。整体性治理理论诞生后不久，就被迅速地应用于北美洲、大洋洲、欧洲等多个国家的行政管理体制改革中，在英国、加拿大、澳大利亚等国的社会服务资源配置、公共管理及政府再造中发挥了重要作用，特别是在推动英国整体性治理制度化进程方面贡献突出[③]，体现了理论与生俱来的优越性并产生了积极的社会影响。

从组织结构方面来看，整体性治理不再拘泥于对治理的功能性进行调整，而是要构建全新的组织结构并进治理目标的创新，追求在维持部门专业化分工的前提下，实现跨部门的协作。整体治理还需要政府处理好与私营企业、第三方主体及公民个人的合作。

整体治理下的食品安全监管机构组织也变得更加机动和灵活，既包括经常性的公共事务处理部门，又可根据项目实际或临时目标设置项目组、临时

---

① 张磊. 中国食品安全监管权配置问题研究 [D]. 上海：复旦大学，2014：16.

② 褚松燕. 行政服务机构建设与整体性政府的塑造 [J]. 中国行政管理，2006（7）：45.

③ Mawson J, Hall S. Joining it up locally? Area regeneration and holistic government in England[J]. Regional Studies, 2000, 34: 67-74.

应急组织机构等。整体治理理论认为部门间是有组织边界的，组织间的合作很难做到无缝对接，然而网络政府服务平台可以轻松解决部门之间跨边界协作的问题，与服务型政府创建需求相一致，进一步丰富政府再造理论内涵。因此，北京市电商乳制品的安全监管体系的完善，也需要打破多元主体之间的边界壁垒，要充分利用乳制品加工企业的网络化管理信息、电商平台的交易与物流配送信息，推动安全监管的网络化、电子化，运用网络技术形成网络化无缝衔接的电商乳制品多元协同整体治理模式。

（2）社会性监督理论

从欧通、布雷耶、施蒂格勒到威登保尔等学者都认为，社会性监管的合法性依据在于矫正市场失灵。随后，史普博（1999）[①]强调社会性监管的运用主要针对的是外部性问题与内部性问题。他提出，外部性的存在通常被认为是市场失灵的一个源泉，倘若不对外部性水平进行适当调整，市场均衡就不会达到帕累托最优。日本学者植草益[②]研究了导致市场失灵的主要原因，指出外部性、公共性物品、信息偏在等问题是产生社会性监管的理论基础。由于市场很难有动机提供公共物品，而负外部性又意味着某一经济主体对其他经济主体成本的连带提高效应；信息偏在又使得市场交易处于不稳定的条件下，所以社会性监管的运用就是社会公共机构针对以上市场失灵现象对企业的活动进行的限制和干预。

此外，吉帕·维斯库斯、约翰·弗农等学者从成本收益的角度考虑社会性监管的绩效评估标准，他们写道："我们的任务是使这些监管对社会的净收益最大化。"因此，在对北京市电商乳制品安全监管机制的多元协同的构建中，也要考虑到机制中多元主体的收益，并试图使其最大化。

（3）多方监管主体的协同理论

在食品安全监管实际工作中，为解决传统监管方式弊端，多元主体协同监管的解决思路被学者和政府主管部门所认同并推广。多元主体监管涉及不

---

① 丹尼尔·史普博.管制与市场[M].上海：上海三联书店，1999：427.
② 植草益.微观规制经济学[M].北京：中国发展出版社，1992：8-14.

同利益相关主体之间在监管动机、监管权配置、监管过程和效果等方面存在显著差异，所以多元主体间的利益协调和监管方案协同具有重要的理论研究意义。为实现和提升多元监管主体之间的协作水平，Morris 和 Jenny（2009）[①]从组织行为学的角度，研究食品安全监管多元主体的监管地位问题，并对多主体之间的结构性利益博弈及合作规则调整策略等进行了探索，基于博弈分析解释了多元主体协同监管的可信性和必要性。Soon 等（2012）[②]基于行政法学理论研究了政府主导的多元主体监管协同合作问题，通过引入公共治理理论，对食品安全监管多元主体间对立问题的特征进行分析。公共治理理论能够解决政府宏观调控失败或者市场调节失灵的难题，其将多方食品安全监管参与主体纳入食品安全治理体系，实现"以政府为主导，以行业自律及社会参与为辅的协同共治"的合作治理模式。

此外，食品监管相关利益主体间信息不对称问题也是协同治理关注的要点。在市场交易中，卖方一般相对于买方拥有更多的食品质量安全信息，如果卖方缺乏行业道德自律、政府监管或第三方机构约束，极易出现利用信息垄断优势非法谋取私利的现象。如果管制不当，这种市场行为就会提供错误的交易信号，导致食品安全协同治理中的逆向选择问题。由于食品是一种特殊的公共产品，消费者很难也不愿支付完全信息的成本，同时，随着电商等渠道的衍生，食品监管成本不断提高和监管资源、技术的有限性，致使任何单方面的监管行为都无法做到对食品安全的有效监管。因此，建立集政府、企业、消费者、第三方机构等多方主体力量的食品安全协同监管系统是十分必要的。

---

① Morris, Jenny. Reducing the risk of food-borne disease in the workplace[J].Occupational Health, 2009, 61（12）：44-46.

② Soon J M, Manning L, Davies W P, et al. Fresh produce-associated outbreaks: a call for HACCP on farms [J]. British Food Journal, 2012, 114（4）：553-597.

1.4 研究思路与框架

1.4.1 研究思路

本书基于协同治理食品安全监管框架，以北京电商乳制品为例，开展北京乳制品电商食品安全协同监管机制与体系研究，按照"现状（situation）→问题的提出（problems）→解决途径（measures）→对策（suggestions）"的研究技术路线（如图1所示）开展研究工作。

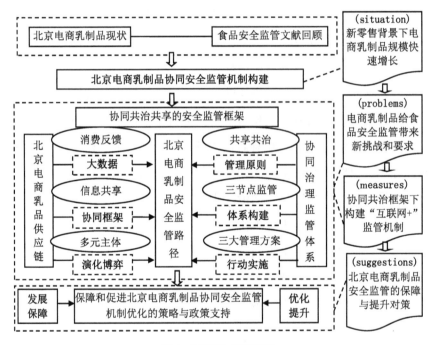

图1　研究技术路线图

1.4.2 研究框架

本书围绕研究的核心问题，从以下7章展开：

第1章主要介绍研究背景，包括：国内外文献、电商乳制品安全监管的重要概念界定和相关理论、研究的思路与框架，为后继研究的展开奠定基础。

第 2 章主要介绍北京电商乳制品供应链的发展现状，包括供应链主体与其他各主体间的联结模式，再针对北京市电商食品安全监管体系的建设情况进行梳理，从监管部门的布局与机制构建、监管政策体系建设等方面展开。

第 3 章和第 4 章是基于互联网电商背景下，对消费者大数据进行真实的市场反馈分析。首先，基于消费调查问卷数据，研究北京市消费者电商乳制品的消费行为，并进一步基于监管感知对影响消费意愿因素进行路径分析。其次，利用消费者电商平台消费大数据，采用本文数据挖掘工具进行数据处理，并对消费者满意度的影响因素进行二阶段最小二乘分析，同时对负面反馈开展归因分析。

第 5 章，根据电商食品交易具有跨地域性、隐蔽性、虚拟性等新特点，给食品电商的迅猛发展带来了新的食品安全监管问题，以及对相关监管部门提出了新的挑战和要求。该部分对北京乳制品电商食品安全协同监管机制与路径开展研究，基于信息共享从发起层、分工层和保障层构建框架体系，结合北京市电商乳制品供应链与运营模式，分析协同治理视域下北京电商乳制品安全监管体系中多元行为主体的角色定位和行为博弈，在消费者反馈机制下，构建四方演化博弈模型，分析建立监管主体间的链式关系，完善北京乳制品电商食品安全协同监管机制。

第 6 章对北京乳制品电商食品安全协同监管体系构建与管理实施研究。首先，基于电商乳制品供应链采用事前、事中、事后三节点监管相结合方式建立监管体系，从生产加工过程、储存运输过程、交易配送过程及消费反馈等不同节点进行监管方案设计。基于上述监管体系构建乳制品电商食品安全监管实施方案，包括监管信息大数据平台、乳制品电商信息溯源体系、协同治理安全信息反馈机制三大管理方案，并进一步给出促进电商乳制品市场健康发展、保障消费者权益、推进电商食品安全监管体系建设的政策建议。

第 7 章为解决北京电商乳制品安全监管中的现存问题，本研究提出了六项政策建议。

第2章

北京电商乳制品供应链及安全监管体系现状分析

2021年9月3日，"2021中国电子商务大会"在北京召开，面对疫情冲击和世界经济下行的双重压力，中国电子商务逆势前行，在促消费、稳外贸、助扶贫、扩就业、促进传统产业转型升级等方面做出了积极贡献。在新冠肺炎疫情背景下，电商因为具有"无接触交易""无接触支付""无接触配送""无接触服务"等特点，在全球经济疲软的情况下发展势头依然强劲。2020年，全国网上零售额117 601亿元，比上年增长10.9%。其中，实物商品网上零售额97 590亿元，增长14.8%，占社会消费品零售总额的比重为24.9%；在实物商品网上零售额中，食品类商品增长30.6%^①。另外，根据网经社资料显示，2020年我国生鲜电商交易规模为3 641.3亿元，同比增长42.54%；央视财经报道，截至2020年底，全国食品餐饮外卖总体订单量达到171.2亿单，同比增长7.5%。再者，根据《中华人民共和国2020年国民经济和社会发展统计公报》，我国快递业务量实现了从2018年的500亿件、2019年的600亿件到2020年直达833.6亿件的跨越式发展。以上数据显示，我国电商消费市场已经逐渐进入成熟阶段，电商购物已经成为消费者日常生活的组成部分，且随着电商发展相关产业也得到了长足进步，尤其是电商物流配送产业。2020年，以京东为代表的"机、车、仓、配送站"无缝衔接，成为未来电商智慧物流的发展方向。

随着中国进入高质量发展的历史机遇期和崭新阶段，电商产业也进入"严监管"的时代，随着反垄断法的修订、对大电商平台"二选一"的严厉管制、电商企业上市严格审查、社区团购行为的规范，可以预期"十四五"期间电商监管体系的不断完善将成为电商发展的另一重要标志。

2021年9月24日，《北京日报》刊发《北京培育建设国际消费中心城市

---

① 洪涛.2020中国农产品电商发展报告（一）[J].农业工程技术，2020，40（15）：61-63.

实施方案（2021—2025 年）》，表示"十四五"期间北京将"建设国际消费中心城市，是落实首都城市战略定位、推动高质量发展的必然要求，是实施扩大内需战略、融入新发展格局的重要抓手，是顺应消费发展新趋势、满足人民美好生活需要的关键之举"。同时，北京将"形成线上和线下、商品和服务、生产和流通深度融合的市场体系"，"持续推进数字经济和实体经济深度融合"，并通过"现代流通体系优化升级行动"，"加快完善生活必需品流通领域'物流基地 + 物流中心（配送中心）+ 末端配送网点'物流网络，提高城市配送保障能力"。此外，"加强食品药品质量安全监管，支持市场主体建立食品安全追溯体系"，并进一步加强行业自律。

　　综上所述，"十四五"期间，北京市作为全国电商发展示范龙头城市，电商供应链的优化升级、电商消费市场的快速发展与监管体系的不断完善，将成为北京市城市建设、社会经济发展的重要推动力量与城市治理的重点问题。基于上述历史背景与产业的发展机遇，本部分研究通过聚焦乳制品领域的电商供应链与食品安全监管体系，反映电商乳制品安全监管工作中存在的主要问题，为促进监管机制的优化提供依据。

2.1 北京电商乳制品供应链发展现状

　　依托北京市奶牛团队，课题组对北京市 17 家示范牛场和 4 家乳制品加工企业开展了电话访谈和实地调查，结合针对乳制品网络交易平台采购销售体系的分析，对北京市电商乳制品供应链分布结构进行总结，如图 2 所示。其中，供应链涉及主体有 5 个，包括上游供货方、中游供货方、电商平台、物流方及消费者。这些主体通过采购、发货、交易、下单、配送、消费等不同的环节进行利益结合。

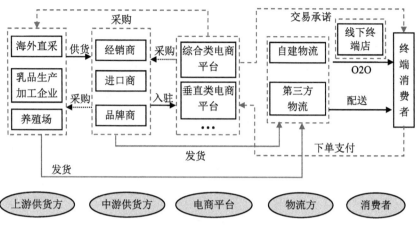

图2 北京电商乳制品供应链分布

2.1.1 供应链主体及其发展情况

（1）上游供货方

乳制品电商供应链中的上游供货方参与了乳品最初的奶牛养殖、原奶收购以及加工生产、包装等过程。参与主体主要包括养殖场、乳品生产加工企业以及电商企业的海外直采部分等。

①奶牛养殖场

根据实地调查数据及中国奶业协会数据，2020年北京市规模养殖场共有144家，示范牛场17家，奶牛数3.02万头，主要牧场有首农畜牧、中地乳业以及中鼎联合牧业等，现有养殖场整体的养殖规模较大，已经实现规模化生产。《中国奶业统计摘要》资料显示，2020年北京市成母牛单产量达到11吨的高产牧场有首农畜牧长阳三牛场、首农畜牧金银岛牧场、首农畜牧邢台分公司、首农畜牧奶牛中心良种场、首农畜牧小务牛场等8家牧场。北京市的奶牛养殖场不仅奶牛的养殖水平较高，同时还发展出北京归原奶庄等休闲观光牧场模式，养殖场功能逐步多元化。2021年《中国奶业年鉴》数据显示，北京市奶牛存栏量和成乳牛存栏量正逐年下降（如图3所示），这主要是受北京市"调转节"政策的约束与引导。2020年北京市原料奶产量为

24.24 万吨，较上年减少 2.17 万吨，但成乳牛单产达到 9.30 吨/头，单产水平稳步提升，增长率为 2.18%。所以，北京奶牛养殖业正处于从量到质的高质量、低能耗的发展新阶段。

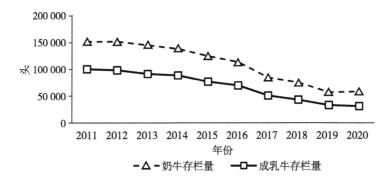

图 3　2011—2020 年北京市奶牛存栏量和成乳牛存栏量

②乳制品加工企业

乳制品加工企业是电商乳制品供应链中供货方的真正主体，是联结养殖场、农户与电商平台的桥梁，在乳制品的产供销流转环节中占主导地位。据同花顺企业库数据资料，截至 2021 年 3 月，北京市乳制品制造企业共有 261家，其中三元乳业是北京市最大的乳制品本土品牌，号称"北京人的奶瓶子"。蒙牛、伊利和光明等企业在京的生产规模也较大，在北京乳制品消费市场份额上与三元一并堪称乳业的巨头，占全市乳制品消费额 90% 以上。进一步观察电商乳制品消费市场的发展情况，蒙牛、伊利、光明三家一直占据线上销售额排行的前三位，其 2020 年 1 月至 2021 年 2 月的线上销售额如图 4所示。可以看到，伊利乳业的销售额最高，在三家企业中一直排第一位，其次是蒙牛，最后是光明，而三家企业的线上销售额均有相似的规律性浮动，在"双十一""6·18"等大型活动下销售额均有不同程度的增长，其中"双十一"期间伊利、蒙牛、光明销售额分别为 42 910 万元、42 587 万元、9 097 万元，达到各自全年最高水平，这说明促销活动对乳制品的线上销售额有着较大影响。

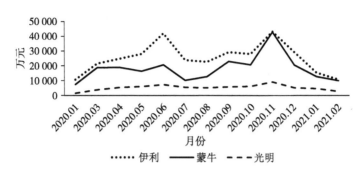

图4　2020年1月至2021年2月伊利、蒙牛、光明线上销售额

尼尔森监测数据显示，2020年三元股份在北京市场销售达23.37亿元，在北京线下市场的液态奶份额继续位居首位，电商业务收入也实现了同比增长近40%的优异成绩。但根据星图数据网研究报告数据，2020年"双十一"期间四家企业产品均价及市场份额如表1所示。其中，蒙牛和光明的乳制品市场平均价格最高，伊利和三元在市场平均价格上处于劣势，不过这也可能由于不同企业市场定位的差异。但从消费市场份额来看，蒙牛、伊利两个龙头企业齐头并进，占电商交易额总量的四成，光明和三元的占比较小，两者加总约占市场份额的一成。这表明北京市本土乳制品企业在整个乳制品供应链上的地位与竞争力还有待提高，但基于北京消费市场，本地化产品具有较强的市场占有率和影响力。

表 1　乳品企业常温液态奶产品电商平台均价及市场消费额占比

品牌	产品均价/（元·千克⁻¹）	消费额占比/%
蒙牛	75	19.2
伊利	62	20.2
光明	72	6.3
三元	59	3.4

数据来源：星图数据网《中国乳品B2C电商市场分析报告》。

③海外直采

虽然北京市跨境电商乳制品进口数据没有单列统计，但根据《中国奶业年鉴》数据，北京市2008—2018年液态奶、干乳制品、乳清、奶粉进口量如图5所示。总体来看，乳制品进口量呈现上升趋势，至2017年达到峰值，2018年乳制品进口量有所下降。对比来看，北京市干乳制品的进口量最高，2018年达到14.44万吨，分别是奶粉、液态奶、乳清的3.10倍、1.92倍和1.91倍。根据乳制品进口增长趋势及北京市统计局统计数据，以及2020年北京跨境电商零售进口额同比增长55%的趋势判断，北京市电商平台销售的海外直采乳制品的总量应呈增长趋势。

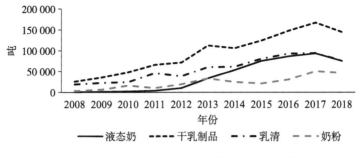

图5　2008—2018年北京市乳制品进口量

（2）中游供货方

由于销售渠道和模式的不同，北京市中游供货方参与主体也不同，主要包括直营店、批发商、零售商、进口商、品牌商等，每种销售渠道都有各自的经营特征和职能。中游供货方在供应链上承担的主要功能是通过采购上游供货商产品，承担中间商功能，以传统销售渠道或在电商平台以网络销售渠道方式销售乳制品。批发商主要负责各自区域的乳制品销售；零售商以店铺销售为主；进口商专业进口乳制品，运输至各地销售；品牌商独立运作某个乳制品品牌，利用品牌优势扩大销售市场。近年来，北京连锁商业企业快速增长，截至2018年底，连锁商业门店数达到9 862个，比2017年增加1 322个，为乳制品的销售提供了规范、安全的销售平台。2019年，北京连锁零售企业总店数达到189个，比2018年增加9个，其中十大北京超市品牌排名如表2所示。不少中游供货方也直接与电商平台开展合伙联营或直接建立线上销售平台，比如"阿里巴巴"通过股权收购，与"联华超市"开展渠道合作，"京东"早在2015年就与"永辉超市"达成战略合作等，线上销售与线下销售的边界正在变得模糊，"新零售"模式的发展使得中游供货方与电商平台逐渐趋于融合。

表 2　十大北京超市品牌榜

排名	超市名称
1	沃尔玛 Walmart
2	永辉超市 YH
3	大润发 RT-MART
4	华润万家 CR-Vanguard
5	盒马
6	物美 WUMART
7	联华超市
8	家乐福 Carrefour
9	麦德龙 METRO
10	山姆会员商店 Sam's Club

数据来源：CNPP品牌榜中榜大数据研究。

（3）电商平台

电商平台是电商乳制品供应链中的核心主体，随着电商的不断发展，现阶段各电商企业纷纷入主乳制品行业，包括电商平台、线下大型超市，甚至物流公司。从电商乳制品市场的表现来看，北京市乳制品销售除了主要依靠的淘宝、京东等几大电商平台，还延伸出多种方式。目前，主流乳制品电商平台主要有综合类电商平台、垂直类电商平台、传统零售电商平台、社交类电商平台等（如表3所示）。

综合类电商平台自行完成商品采购、销售、物流、客户服务等功能，商品品类较全，物流配送服务面广，具有流量优势，最早被消费者熟知。主要平台有"淘宝""天猫""京东""苏宁易购""国美在线""唯品会"等，这些综合电商平台均已开始涉足乳制品电商，尤其是"天猫""京东"这类拥有强大用户流量优势的电商平台，经济实力雄厚，顾客熟知度高，与第三方物流公司关系密切，或拥有自建物流。垂直类电商平台专注于乳制品行业，品类单一，自行经营配送，如"中粮我买网""婴童频道""唯爱母婴"等。由于垂直电商本身的局限性，这种电商平台地域性较为明显，也很难做大做强。随着"互联网+"技术的发展，越来越多的传统零售超市开始移动互联网化，传统零售平台模式是将线上与线下相结合，通过线上购物带动线下实体门店消费和经营，乳制品自行配送或消费者到店自提，主要有"壹号店""盒马鲜生""7Fresh"等。而社交电商是目前电商的新业态，通过借助社交网站等网络媒介以社交互动等形式辅助商品购买和销售，并将关注、分享、沟通、讨论、互动等社交化的元素应用于电子商务交易，如"拼多多""抖音""小红书"等。短视频直播带货扩展了网络消费空间。2017年1月，微信第一批小程序正式上线，由此带动了小程序网络零售，扩展了线上销售渠道。

表3　北京市乳制品电商企业或网站基本情况

类别	优势	劣势	主要企业
综合电商	知名度高，用户网购习惯形成；产品品类丰富；扁平运营	乳制品产品质量与价格难以标准化，配送时效与服务质量难以保证	淘宝、天猫、京东、苏宁易购、国美在线、唯品会、当当购物……
垂直电商	专注乳制品产品特色领域，深耕消费者群体需求	供应链管理难度大	母婴类：婴童频道、唯爱母婴、贝贝网……
			生鲜类：中粮我买网、每日优鲜、顺丰优选……
社交电商	运营效率较高，推广快速及时	引流成本高	拼多多、抖音、淘宝直播、小红书、快手、微商……
传统零售电商	配送距离近，冷链仓储优势，供应链成熟	前期推广费用、扩张成本较高	盒马鲜生、京东7Fresh、永辉超级物种、掌鱼生鲜……

资料来源：作者总结整理。

2019年全国百强零售电商公司中所属北京并且销售乳制品的企业信息如表4所示，电商种类包括综合电商、生鲜电商、导购电商、社交电商以及母婴电商等，电商种类丰富多样，北京市的电商乳制品正引领全国乳制品电商发展。

表 4 2019 年度北京市乳制品电商

排名	公司简称	领域	行业	总值/亿元
2	京东	零售电商	综合电商	3 581.87
12	每日优鲜	零售电商	生鲜电商	208.9
18	国美零售	零售电商	综合电商	138.73
24	口袋购物	零售电商	导购电商	104.45
25	微店	零售电商	社交电商	104.45
30	中粮我买网	零售电商	食品电商	90.52
33	什么值得买	零售电商	导购电商	76.81
34	蜜芽	零售电商	母婴电商	76.60
36	便利蜂	零售电商	无人零售	69.63
49	楚楚街	零售电商	综合电商	60.00
50	本来生活	零售电商	生鲜电商	58.50
57	友宝在线	零售电商	无人零售	50.00
59	每日优鲜便利购	零售电商	生鲜电商	46.80
70	每日一淘	零售电商	生鲜电商	33.80
81	宝宝树集团	零售电商	母婴电商	26.85
96	聚美优品	零售电商	综合电商	16.92
101	有好东西	零售电商	社区电商	16.25

数据来源:《中国电商百强数据报告》。

（4）物流方

物流方为乳制品电商活动提供运输、储存、装卸搬运、包装、流通加工、配送、信息处理等服务。根据国家统计局数据，2020 年北京市快递量达 228 716.43 万件，在全国城市中排名第六。目前，为北京市电商乳制品供应链提供物流服务的物流方分为自建物流和第三方物流两大类。其中自建物流主要有"京东物流""菜鸟""苏宁物流""安迅物流"等，第三方物流包括"EMS""申通快递""顺丰速运""圆通快递""中通快递""韵达速递"等。由于低温乳制品的产品特性，保质期较短，一般在 21 天及以下，运输渠道侧重现代渠道的冷链终端的特点，近年来随着乳制品电商的井喷式发展，带动了冷链物流的快速发展。冷链物流技术主要包括仓储、运输和管理技术，能够更好地满足消费者对乳制品新鲜度、多样化等方面的需求。现今，冷链物流的运输方式正从公路模式转变为多种模式联合运输，采用产地直发、多地协同等运营模式，以及"航空+高铁+公路运输"等冷链运输新方式，充分发挥各种运输方式的优势特色和组合效率。

（5）消费者

近五年来，北京市人均消费支出整体呈现稳步上涨的趋势，虽然2020年受到新冠肺炎疫情影响，北京市人均消费支出有所下降，但是人均食品烟酒类商品的消费支出额下降并不明显，仅下降1.4%。而且伴随新冠肺炎疫情状况趋于稳定，2021年北京市第1至第3季度人均消费支出达31 781元，增速达13.7%，已经超过疫情前同时期的人均消费支出额。人均食品烟酒消费支出增加同样迅速，数额达到7 000元，同比增长12.3%，已超过疫情前同期消费支出额11.9%（如图6、图7所示）。这表明随着人均消费支出的增加，北京居民食品消费的支出额增长显著，且食品行业受到新冠肺炎疫情的冲击较小，依然有很大的增长空间。

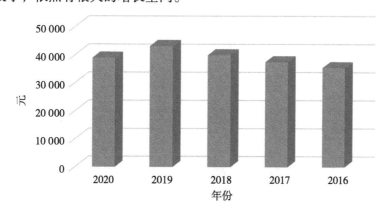

图6　2016—2020年北京市人均消费支出

数据来源：北京市统计局。

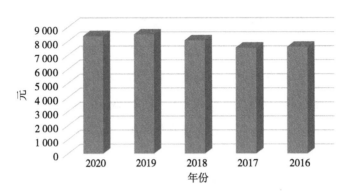

图7　2016—2020年北京市人均食品烟酒消费支出

数据来源：北京市统计局。

在乳制品消费方面，在2017—2020年，北京市人均乳制品消费量呈现不断增长的趋势（如图8所示），且城镇居民的人均乳制品消费量增长更为迅速（如图9所示）。2020年北京市城镇居民家庭人均奶类消费32.44千克（国家统计局数据）。预计在未来几年，北京市城镇居民乳制品消费量依然会保持快速增长，且随着农村脱贫的不断深化和生活水平的提高，农村人均乳制品消费量也将显著增加。在2021年举办的"北京牛奶文化节"上，据北京市奶业协会会长常毅介绍，北京市人均年消费乳制品超过50千克，高出全国平均水平15千克。这表明北京市乳制品行业处于全国领先水平，北京市乳制品行业受疫情冲击较小，且乳制品需求量在不断增大，拥有很广阔的发展前景。

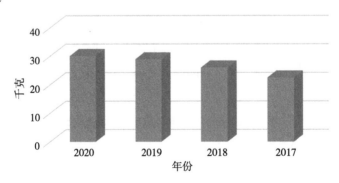

图8　2017—2020年北京市人均乳制品消费量

数据来源：《北京市统计年鉴》。

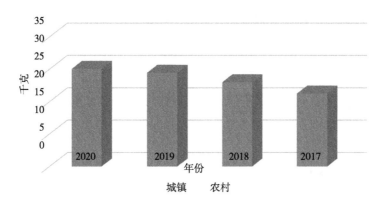

图 9　2017—2020 年北京市城乡人均乳制品消费量

数据来源:《北京市统计年鉴》。

此外,"十三五"期间,得益于消费市场结构的不断革新和数字经济的快速发展,电商消费模式越来越受到消费者的欢迎。虽然,新冠肺炎疫情严重冲击了传统线下零售行业,但线上销售行业受疫情的冲击较小,同时也为电商消费提供了快速发展的良好机遇。北京市作为我国电商模式的主要发源地之一,电商规模更是发展迅速,《2021 年北京居民网购消费升级专项调研报告》[①]的调查结果发现,2020 年北京市居民网购消费支出较 2016 年增长 63.3%,且有 80.3% 的北京消费者表示电商消费比重较三年前有所增加(如图 10 所示)。这表明北京市居民的消费习惯正在由线下购物向线上消费转变,特别是在疫情发生后,北京市消费者线上购物的意愿更加强烈。

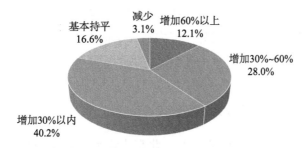

图 10　2020 年北京市居民家庭电商消费支出占总支出比重

数据来源:《2021 年北京居民网购消费升级专项调研报告》。

① 2021 年北京居民网购消费升级专项调研报告[EB/OL]. http://www.beijing.gov.cn/gongkai/shuju/sjjd/202106/t20210623_2419780.html.

在电商购买的商品类别方面，服装、日用品、食品饮料酒是北京市居民的主要购买商品类型，其中约62.8%的北京市居民在2020年里通过网络购买过食品饮料酒（如图11所示），这表明北京市居民对于食品网购的接受度较高，且北京市食品网络销售经营模式较为完善，这为发展乳制品网购行业提供了良好的基础。

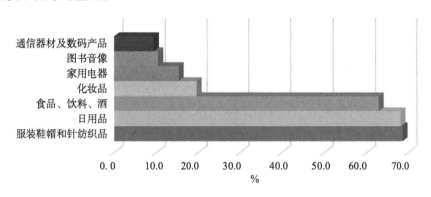

图11　2020年北京市居民购买商品类别的人次占比

数据来源：《2021年北京居民网购消费升级专项调研报告》。

三元股份作为北京市乳制品销售市场的著名品牌和龙头企业，电商市场份额的快速发展是使其克服疫情影响，实现扭亏为盈的重要支撑，三元表示，未来"要大力发展电商业务，丰富电商产业线"。北京市作为乳制品高消费地和电商主要发源地，为乳制品电商提供了得天独厚的发展优势，随着消费者对于电商消费兴趣的不断增加，乳制品销售行业也要积极向电商销售靠拢，充分发挥电商销售的优势，努力抓住电商发展契机，顺应消费者消费习惯的转变，这将有利于北京市乳制品行业健康快速发展。

2.1.2 供应链各主体联结模式

从乳制品电商供应链环节来看，北京市电商乳制品供应链分为三个环节，分别是上游供货环节、中间流通环节、电子商务运营环节以及物流配送环节，由于涉及各环节节点较多，相互联结关系十分复杂。

（1）上游供货环节

上游供货环节主要包括原料奶供应和乳制品的加工环节，其中保障原料奶安全是乳制品供应链安全监管的首要目标。"三聚氰胺"事件之后，北京市不断出台相关措施，落实《调结构转方式发展高效节水农业意见》、畜牧业"菜篮子"系统工程等，加强奶源基地建设，实施标准化生产，奶牛养殖向适度规模化发展。

规范养殖场生产，目前已实现奶牛养殖的规模化和标准化。北京市主流原料奶供应模式为"奶农＋养殖场＋乳制品企业"，养殖场统一科学化管理奶牛饲养及原料奶的生产收集，能够在很大程度上保障乳制品质量，提高养殖环节的组织化程度，实现规模效应。养殖场与乳制品加工企业通过协商，明确购销内容，签订订单合约，以形成稳定的合作关系。合同中明确规定双方的权利与义务，合约内容主要包括原料奶收购价格、品质及数量等。养殖场在与乳制品企业的合作中相对被动，在技术推广和协调奶农方面作用有限。近年来，随着乳制品企业经济实力的增强以及对上游垂直建设的重视，大型乳制品企业纷纷自建牧场，牢固产业链条，稳定并增加奶源供给。自建牧场成为北京市大型乳制品企业原料奶的主要来源，这种模式加强了上游供货环节的利益联结。在原料奶的交易过程中，中介组织也发挥着不可忽视的作用。中介组织主要有养殖小区、奶农合作社、规模牧场、奶业协会等，中介组织在维护奶农利益、提升供应链联结机制等方面发挥着枢纽作用（如图12所示）。

（2）中间流通环节

乳制品加工企业生产加工乳制品后，将产成品传送至销售环节，一般包括层层分销、直营以及与大型商超直接合作等模式，以传统线下销售和网络线上销售为渠道进行销售（如图13所示）。一方面，乳制品企业将货物经分销商批发至批发商、零售商，这种模式可覆盖范围较大，涉及的消费群体全面，但同时也增加了乳制品供应链的中间环节，扩大乳制品监管范围，提高企业的管理成本。另一方面，企业通过直营店线上销售直接对接消费者，省去多个中间环节，为保质期较短的低温奶提供更好的消费平台，增强乳制品的新鲜程度，尤其是疫情之下该模式焕发生机。电商平台通过与大型商超合作，例如"饿了么""美团"等平台与北京市大型商超华联、美廉美等采取线上线下结合销售的模式，也节省了物流环节的成本。另外，乳制品销售还有一些特殊的销售渠道，比如学校、医院以及饭店等的集团采购，以及近几年兴起的"社区团购"等，这些根据特定消费者而发展的特有销售渠道，也进一步丰富了乳制品销售市场，同时也促进了物流环节的定制化发展。

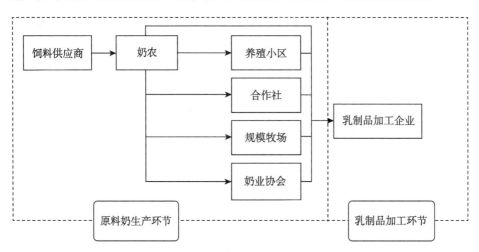

图 12　上游供货环节基本结构

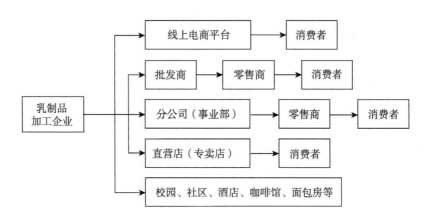

图 13　乳制品传统零售渠道

（3）电子商务运营环节

B2C模式是北京市乳制品电商首先出现的模式，也是现阶段乳制品电商的主要盈利模式。B2C模式是电商平台为消费者个人提供在线乳制品购买的服务模式。此后，随着消费需求的多样化以及科技的提升，电商平台在B2C模式的基础上，经过几个阶段的发展，又衍生出其他乳制品电子商务运营模式，每种运营模式都有其各自的优缺点，其中新兴的运营模式有垂直电商B2C模式、产地直供F2C模式、社区O2O模式、线下超市电商模式以及垂直电商O2O模式等。

①垂直电商B2C模式

随着经济的迅速发展，市场竞争逐渐激烈，环境复杂多变，市场上对乳制品专业化的要求不断提升，垂直型B2C模式应运而生（如图14所示）。乳制品垂直电商B2C模式专注于乳制品单一行业领域，对乳制品的采购、存储、运输和售后事无巨细，统统包揽，严格管控供应链，以形成高水平的服务标准，因此其运作成本和人效产出不具备优势，营利性较弱。由于垂直电商本身的局限性，这种模式发展规模较小，主要是具有专业品牌的乳制品商家在使用，如"中粮我买网""每日优鲜"等。2020年每日优鲜"双十一"当日销售额达到2019年同期的2.1倍，说明垂直电商正在慢慢崛起。

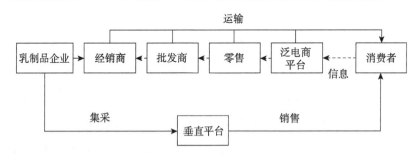

图14　垂直电商B2C模式

②垂直电商O2O模式

垂直电商O2O模式有线下实体店，通过线上线下交互，一般由第三方物流负责配送（如图15所示），如多点网、京东到家等。垂直电商O2O模式下，电商平台获得有效的信息整合，能够对供应链进行严格管理，通过与乳制品加工企业合作或自建工厂，扩充采购渠道，标准化生产，乳制品加工企业在与电商平台合作的同时，合作线下商铺来供应乳制品。不仅如此，乳制品企业也开始开发线上线下销售的联合创新模式。伊利乳业积极探索"会员营销""社群营销""O2O到家"等新零售模式，在拓展渠道的同时，推动线上线下渠道的一体化融合；同时，公司继续实施渠道精耕计划，不断提升渠道渗透水平。三元在新餐饮、新零售、跨界合作等业务领域进行渠道渗透，2020年，电商事业部销售收入同比增长97%，跟紧市场发展趋势，实现线上突围、线下承载。

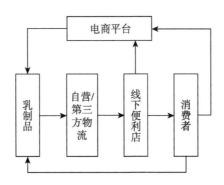

图15 垂直电商O2O模式

③产地直供F2C模式

F2C模式指的是从乳制品企业到消费者的电子商务模式，这种模式下电商为获得更多的价格优势，增强自身的盈利能力，进一步降低成本，吸引乳制品企业入驻，与上游供货商进行深度合作，由上游供货商直接在京东、淘宝等电商平台建立自己的商城，略过中间流通环节直接销售乳制品，实现产销对接，乳制品企业根据市场消费需求进行乳制品的生产。这种模式下，电商平台在消费者与厂商之间起到中介作用，将消费者的订单信息直接反馈至乳制品生产企业，乳制品企业根据电商平台提供的信息将乳制品通过物流运送至消费者手中。在这种运营模式下（如图16所示），乳制品上游供货商与终端消费者有机结合，消费者能够最大限度地购买新鲜、高质量的乳制品，实时掌握乳制品生产的各种信息，这对于拉近消费者距离、提高客户购买体验、建立高品质品牌优势有很大帮助。

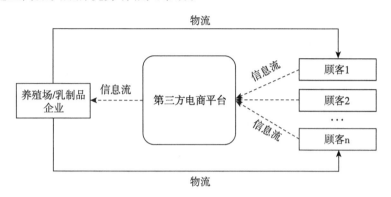

图 16　产地直供 F2C 模式

④社区电商 O2O 模式

社交电商 O2O 模式是以个人社交关系为基础，依靠电商平台，对某个区域的客户采用线上线下的互动形式，满足消费者的消费需求的商业模式。社交电商是随着微信支付平台的推出，从微商在微信朋友圈发布商品信息卖货的最初形式基础上发展起来的，此后腾讯小程序平台的发布使社交流量系统化对外开放，拼多多上市展现出社交电商的蓬勃发展，后续逐渐出现多元化形式，形成了以拼多多、京东拼购为代表的拼团型，以抖音、快手为代表的网红直播型，以小红书为代表的内容型，以松鼠拼拼为代表的社区团购型等几种主要的电商运营模式。单一的线下实体店与线上零售店都存在着一定的问题，社区电商模式结合线上线下优点，能够更好地满足消费者的消费需求。社区电商是在社交电商基础上不断优化升级的结果，该模式将乳制品营销范围定位在特定区域，并以此为中心向周围居民辐射，提供乳制品销售服务（如图17所示）。O2O 模式通过线上购买或预定，带动线下消费、运营，线上线下相结合。社区 O2O 模式在传统 O2O 模式上进一步延伸，顾客离线拾取，在线销售，顾客可选择提货地点进店自提乳制品等货物，相应减少了物流成本。目前，乳制品电商 O2O 形式主要是电商平台与便利店或者传统大型零售商超合作，线下超市电商模式依托线下门店辐射，发展线上业务，与传统超市相比，消费者可以直接利用互联网平台进行手机购物，然后由配送员送货上门或者由客户自提货物，如"飞牛网（大润发）""e玩家（华润）"等。这种模式最大化时间效应，让消费者利用线上信息资源完成乳制品的选品和购买，既提供了便利，又节约了超市的时间成本。社区电商模式满足了消费者的消费体验，能够给消费者带来更人性化的服务。例如，顾客线上对比选择性价比更高、符合自己需求的乳制品，在线下取货时检查购买产品的生产日期和质量，并及时与店内人员反馈协商，提高了消费者的忠诚度。作为"社区O2O新零售"来说，这种零售模式的核心竞争力是建立在消费者的基础上，通过整合服务、调度联合科技、高效智慧化的配送方式，最大限度地体现零售业的变革。2019年，北京市市场监管局等12部门共同研究制定《北京市便民店建设提升三年计划行动》，明确北京市便民网点的建设目标——到2021年实现本市每个社区便民商业服务功能全覆盖，连锁便利店6 400个左右。以社区便利店为代表的社区电商，是乳制品拓展市场，更好实现社区O2O模式的有力途径。

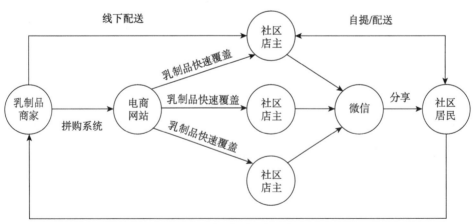

图 17　社区电商O2O模式

（4）物流配送环节

物流配送渗透在乳制品电商供应链中的各个环节，也是乳制品电商供应链的最后一个环节，最终将乳制品配送至消费者手中，具体物流业务流程如图18所示。物流配送模式分为第三方物流模式、自建物流模式和物流联盟模式。根据终端接收者不同，乳制品配送形式可分为直接将乳制品配送到客户手中、委托代收和自提柜三种形式。

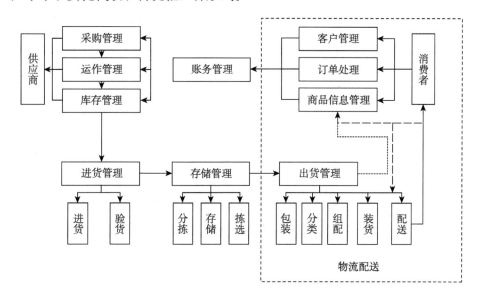

图 18　电子商务物流业务流程

其中，第三方物流模式是北京市电商乳制品物流配送的主要方式。该模式是由第三方物流公司独立承包一家或多家电商平台的物流业务。电商平台与物流公司合作，以签订订单的形式，将物流活动委托给物流公司，形成长期稳定的合作关系，如拼好货等。第三方物流公司只代理物流业务，不参与电商平台的销售经营活动，而电商平台则可以集中资源发展核心业务。该物流配送模式的显著特点是：物流公司具备一定的专业实力和配套的物流设施。自建物流是电商平台出资构建物流系统，并对整个物流环节进行规划、组织、协调、控制、管理，如京东商城、苏宁易购、亚马逊等。选择这种模式可以更好地提高客户服务水平，但是也需要企业具备雄厚的经济实力。物流联盟模式是指供应链上多个企业之间选择同一家物流公司负责各自的物流服务，整合各自物流资源，形成风险共担、利益共享的网络组织。这种模式下，物流企业与电商平台会在一些必要数据上实现信息共享。

送货到户是传统的物流配送模式，配送员送货上门的方式虽为客户提供了便利，但也增加了配送的人力成本和时间成本，随着订单种类的增多，配送过程较为烦琐，延长了配送时间，增加了乳制品损坏风险。委托代收模式与直接送货至客户手中不同，该模式下货物运输员不需要将货物直接送达消费者手中，而是统一配送至指定点，再由客户自选时间自提货物。目前这种配送模式已广泛应用于乳制品电商领域。根据指定地点的不同，将委托代收形式分为物流联合代收服务点、以物流公司为主导的社区代收服务点和社区物业代收三种形式。阿里巴巴旗下菜鸟驿站就是典型的联合代收点，联合多家物流企业提供快递暂存代寄等服务，为消费者提供"最后一公里"的服务。目前北京市共有819个菜鸟驿站，基本覆盖了终端物流服务网络，为乳制品供应提供了便利条件。而社区代收服务是物流企业与社区周边实体商店合作，将乳制品放至指定实体店，社区O2O模式下多选用此委托代收形式，如多多买菜等。由于商店营业时间灵活多变，顾客取件时间不确定，这种方式可能会影响乳制品的口感。社区物业代收快递这种模式由物业暂时收取快递，由于物业代收义务不需要承担责任，因此安全系数不高，容易出现包裹丢失等问题。而自提柜作为一种智能化存取物流终端，消费者可以凭借二维码等信息到指定货柜提取包裹，如蜂巢、云柜等。自提柜模式提高了配送效率，但由于成本较高，目前普及程度不高。

2.2 北京电商乳制品安全监管体系构建情况

2.2.1 监管体系布局建设

（1）监管部门与监管布局

当前，在北京市电商食品质量安全监管领域，已形成了以市场监督管理局为主体，相关交通、邮政、广播电视管理部门为辅助，配合国家商务部、市发改委、市网信办等部门安排部署，以监督检查、抽检监测、规范信息发布等为主要监管手段的监管机制方案（如图 19 所示）。其中，包括乳制品在内的食品行业经营者、电商平台、物流企业与消费者环节构成了电商乳制品供应链的监管对象和核心环节。针对主要监管对象和涉及包含乳制品在内的电商食品的主要电商产销环节，相关主管部门的监管工作分工布局，监管内容与机制安排的建设如下：

第一，北京市市场监督局对乳制品生产经营者申请的生产条件与环境进行审查，对不同的乳制品产品类别，分别根据相应的食品安全国家标准，对其生产场所、设备设施、设备布局及工艺流程、人员管理、管理制度、试制产品等方面进行严格的审查和审批管理。同时，还要求乳制品生产经营者对原辅料信息、生产管理信息、风险管控信息等进行追溯信息记录，已初步形成了基于数据化、信息化、网络化的乳制品生产管理体系。

第二，北京市市场监督管理局督促生产经营者对生产的乳制品进行严格自检，并在计划性抽检的基础上，根据日常检查情况和既往抽检情况，对时令性乳制品或问题突出的乳制品类别、企业及检测项目等进行专项抽检。具体而言，检测部门会对乳制品从生产加工、流通、市场、网络销售等各环节抽取检测样本，重点对既往存在抽检不合格的对象进行复查和重复抽检，并督促相关企业和电商平台落实治理监管等义务。通过抽检工作，如若发现电商平台存在把关不严等问题，将会进一步整治平台的主体审核、品质管理等方面的问题。但需要说明的是，抽检工作通常针对乳制品加工企业库存或电商平台物流进出货环节，针对处于配送环节的乳制品缺乏相关抽检工作或抽检相对宽松。此外，也针对反垄断情况，从2019年开始，着手整治电商平台间的不良竞争，如"二选一""独家交易"等垄断行为。

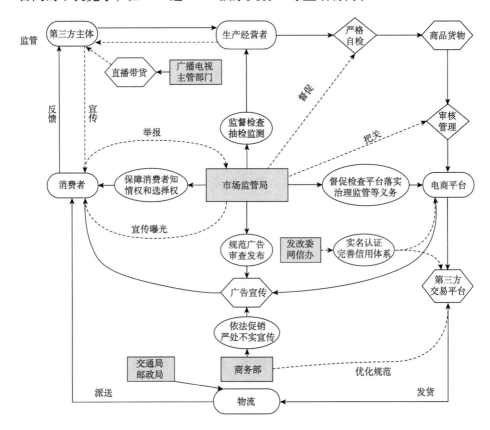

图19 北京市电商食品监管机制方案

第三，北京市市场监督管理局配合国家商务部对电商平台发布的宣传广告进行真实性审查，严查不实宣传的情况，包括：以虚假折扣误导消费者，促销活动中发布虚假宣传，通过"刷单"等行为虚构自身商誉或以恶意评价损害其他经营者商誉，平台经营者限制消费者权益，进行捆绑销售等。如果审查发现电商平台存在上述问题，将要求平台管理者切实履行管理审核的法定责任，遵守相关法律法规，对不择手段博眼球、打擦边球、片面追求流量和销量的不法违规行为及时进行纠正，否则将承担行政处罚和进一步承担相关法律责任的后果。

第四，北京市市场监督管理局还进一步配合国家相关立法机关做好相应立法工作，推动加快《消费者权益保护法实施条例》修订进程。为更好地保护消费者合法权益，牵头开展"3·15"消费者权益日主题宣传活动，提高消费者维权意识和能力。通过在消费者投诉举报指挥中心及时解答、处理、反馈投诉举报，并以消费者反馈作为食品安全监管外部机制的重要手段，形成了政府与消费者之间的信息对接渠道与信息处理机制。

第五，在国家互联网信息办公室指导下，由北京市网信办督促相关电商平台和第三方交易平台完善实名认证和信用体系，再联合市广播电视主管部门，针对直播营销平台、直播间运营者和直播营销人员以及直播营销数据管理等业务主体，开展监督管理工作，包括明确各方主体义务和责任，强调落实有关主体的法律责任等。具体而言，市网信办负责电商平台的备案、账号管理、平台公约、内容管理、人员管理、技术应用、未成年人保护、信用评价、投诉举报等多个维度的监督管理。

此外，北京市交通局、邮政局等部门负责配合规范管控电商物流系统，尤其在新冠肺炎疫情的大背景下，严格做好货物、车辆和相关人员的疫情防控和品质管控工作。

（2）监管目标与监管手段

根据北京市市场监督管理局电商食品（包括乳制品）监管目标、监管手段与监管流程（如图20所示），可以将主要的监管政策目标落脚点总结为三个"压实"，即压实食品生产经营者法律责任、压实网络平台法律责任、压实媒体等第三方法律责任。

三个"压实"的具体监管目标与手段包括：一是对于生产经营者，北京市市场监督局要督促食品生产经营者开展自查，包括生产许可、过程控制、非法添加、标签识别、宣传消费等情况，加强监督检查、抽检监测，严厉查处违法违规行为[①]。依法查处电子商务违法犯罪行为、侵犯消费者合法权益违法行为、不正当竞争违法行为、商品质量违法行为、侵犯知识产权违法行为、食品安全违法行为、广告违法行为、价格违法行为等。二是对于电商平台，市场监督局主要监管和处理电商平台把关不严等相关问题，尤其聚焦重点电商平台（市场份额大、市场影响力大），督促电商平台落实监督审核管理义务，具体包括集中整治平台主体审核不严等问题，督促、检查平台落实基本义务；集中整治平台管理不严问题，督促、检查平台落实治理义务；督促、检查平台落实协助监管义务等[②]。三是对于第三方平台（与电商交易活动相关的宣传方），市场监督局要求第三方平台尊重消费者的利益，保证宣传产品的质量，严禁虚假宣传。压实网络平台、商品经营者、网络直播者的法律责任；规范商品或服务营销范围；规范广告审查发布；保障消费者知情权和选择权；依法查处电子商务、侵犯消费者合法权益、不正当竞争、侵犯知识产权等违法行为[③]。

---

① 详见《市场监管总局办公厅关于开展固体饮料、压片糖果、代用茶等食品专项整治的通知》。
② 详见《市场监管总局关于开展落实电子商务平台责任专项行动的通知》。
③ 详见《市场监管总局关于加强网络直播营销活动监管的指导意见》。

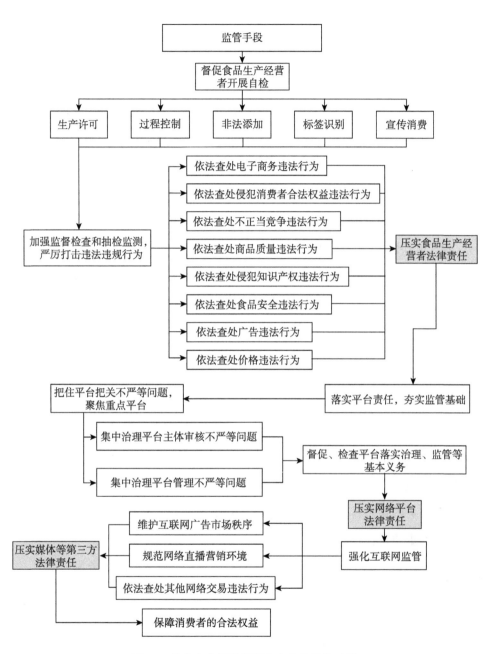

图20　北京市市场监督局电商食品监管手段

2.2.2 监管政策制度发展

伴随我国电子商务的快速发展，关于电子商务领域食品安全监管问题，国家相关管理部门和研究机构已经进行了近20年的政策研究，初步形成了电商食品质量安全监管与电商平台监管的政策体系。通过总结2005年以来的国家与北京市28个重要电商领域政策文件（如表5所示），将北京乃至全国电商监管政策体系的构建分为以下四个阶段：

第一阶段（2005—2010年）：初步形成期。2005年，国务院办公厅发布《关于加快电子商务发展的若干意见》，首次提出了加快电子商务发展。从2005年到2010年之前的这段时期，也是我国的电子商务政策体系的起步建设时期，这段时期的政策以加快电子商务发展为指导思想和主要原则，同步促进建设相关的物流系统、电商平台和支付平台，同时规范电子商务交易行为和配送行为，促进网络市场和谐有序（详见表5）。

第二阶段（2011—2014年）：快速发展期。到2011年，我国电子商务发展环境、支撑体系、技术服务和推广应用协调发展的格局基本形成，电子商务服务业成为重要的新兴产业，进入快速发展时期。这一时期的政策目标为培养网络市场主体、拓宽网络购物领域，进一步提高电子商务交易额，并重点鼓励发展电子商务服务业。与此同时，电子商务的快速发展也带来了交易规范方面的问题，所以政策内容开始出现规范性的制度安排，着力提高电子商务服务的规范性、市场秩序规范化和维护消费者合法权益也成为这一时期政策的重要特征。

第三阶段（2015—2019年）：规模发展期。2015年，国务院发布《关于大力发展电子商务加快培育经济新动力的意见》，确定电子商务市场规范发展目标：到2020年，统一开放、竞争有序、诚信守法、安全可靠的电子商务大市场基本建成。更为重要的是，这一时期相关政策主要以促进电子商务与其他产业深度融合为目标，将电子商务全面融入国民经济的各个领域，带动教育、医疗、文化、旅游等社会事业创新发展，促进创业就业，改善民生服务，电子商务进入规模发展阶段。同时，随着商务部等19部门发布《关于加快发展农村电子商务的意见》以及国务院办公厅发布的《关于促进农村电子商务加快发展的指导意见》，农村电子商务发展得到了进一步重视。有关政策主要以加快农村宽带网络和快递网络建设为目标，创建农村电子商务发展的有利环境，同时推进农村电子商务与农村一二三产业深度融合，推动农民创业就业，带动农村脱贫开发。这也为推进乳制品行业的电商业务，尤其是低温类产品的电商快速通道奠定了基础。

第四阶段（2019年后）：规范发展期。2019年末，新冠肺炎疫情的突发彻底改变了广大消费者的生活模式，电商消费、无接触购物的需求，推进了电商乳制品消费市场的发展，同时消费市场的外向性特征更为明显。2020年受疫情影响，跨境电商作为推动外贸转型升级、打造新经济增长点的重要突破口，相关政策也陆续出台。这些政策强调不断加持跨境电商的发展，主要体现在试点布局进一步扩大，同时发展跨境电商新模式，推进贸易便利化。随着电子商务模式趋于多样，渠道不断衍生，涉及业务活动日趋复杂，近两年的许多电子商务政策都以规范电商交易和平台治理为目标，落实平台监管责任义务，集中整治平台管理不严等问题，电商发展进入了规范发展期。同时，针对直播带货模式的兴起，压实网络平台、商品经营者、网络直播者的法律责任，规范营销范围和广告发布，严查不正当竞争、侵犯消费者合法权益等违法行为也成了这一时期政策的侧重点。

2.3 监管体系存在的主要问题

结合北京市电商乳制品供应链发展、电商乳制品安全监管体系以及政策体系建设情况，本研究认为在以下四个方面存在相关监管机制的缺失。

（1）监管模式还较为传统，尚未形成多元主体的协同治理

目前，以北京市市场监督管理局为主体的监管体系，基本还是基于政府

单一主体的食品安全治理模式，虽然通过生产企业的追溯信息记录与基于消费者权益保护的投诉举报反馈活动，初步形成了政府与生产者、消费者的信息对接渠道，但是，无论是从生产信息的供应链应用、生产信息与消费信息的对接、消费者反馈机制的长效性、消费者反馈对生产供应环节的优化调整等方面，都尚待形成监管治理的实施方案和流程机制。特别是对具有重要监管体系优化参考价值的消费者反馈的处理，往往只局限在"3·15"等特定时段，存在比较突出的"形式化"问题。换言之，目前北京市电商乳制品多元主体协同监管的体系和机制还未形成，传统的政府主导治理方式与北京市电商乳制品消费市场快速发展的实际需要之间还存在严重的不匹配问题。

（2）监管对象和流程环节还存在严重盲区

针对北京市电商乳制品供应链五方参与主体，目前的监管机制和工作主要集中在对乳制品生产企业、电商平台（及其外围营销业务公司）这两个环节的监管上，而对养殖场（户）、物流配送部门或企业、消费者售后环节等缺乏系统的、具有强制力的监管和治理方案。其中，奶牛养殖场的日常监管与防疫监管主要由农业局相关卫生防疫和畜禽养殖监管部门开展，另外原料奶进入加工企业后，加工企业基于企业利益和生产自律考虑也会进行检测，但监督管理部门应该加强生产环节的完整采样，形成产品的完整信息记录。

另外，电商乳制品出货后进行物流及终端配送环节，从养殖场到加工企业再到电商平台物流中转仓的物流品控，一般是由乳制品企业自营物流或其长期合作的第三方物流承担，主要由乳制品企业管控品质合规情况，相对容易控制数据和进行监管。但是，电商平台订单交易后，由平台仓储或指定物流仓储中心到消费者的配送环节往往缺乏来自企业或政府相关部门的监管，造成了电商乳制品安全监管的盲区。尤其是目前大量采用的"自提"方式，进一步加剧了乳制品安全监管的风险，使原本应当由电商平台承担的食品安全责任转移到消费者身上，而消费者往往欠缺食品安全意识且不具有专业的食品安全风险知识，比如对低温奶、酸奶等控温严格的乳制品"自提"时效缺乏科学的认知，导致产品变质引发售后问题，这就给监管工作带来了新的难题。

（3）针对新兴电商销售方式缺乏监管机制与办法

例如，以"社区团购"为主的下沉式社区电商、对于基于网络社交化形成的社交电商等，目前都未有针对性的监管手段，这些电商新业态涉及的交易网络更为隐蔽和庞杂，信息的非对称问题更为突出，且往往存在交易流数据无法追溯的问题，所以对于这类电商模式的监管更难以依赖传统的以市场交易流程监管和产品质量抽检为主的监管方式。考虑到监管时效、监管成本和可执行性等客观问题，对这些类型的电商交易的监管，应该充分发挥消费者反馈的机制功能，形成消费者主导的监管体系。此外，还可以通过强化媒体等社会力量的监督功能，开展社会化全方位的监督。

（4）监管工具和方案还未能实现数据化、信息化管理

以市场监督管理局为例，监管流程缺乏大数据等现代监管手段的应用，在原料奶溯源、生产加工批次监测、市场流通商品抽检、电商平台订单交易、产品物流配送、消费者售后反馈、售后赔偿处理等方面，还缺乏数据的采集与整合，没有形成完整的电商乳制品安全监管管理信息平台，导致监管的范围小、效率低、效果差。

表 5　近年来国家及北京市相关促进电子商务的政策文件

年份	颁布部门	政策名称	高频关键字	政策目标
2005	国务院办公厅	《关于加快电子商务发展的若干意见》	完善法规；物流建设；发展环境；服务水平	加快电子商务发展
2007	商务部	《关于促进电子商务规范发展的意见》	网络交易；物流建设；电子支付	促进电子商务规范发展
2007	国家发展改革委、国务院信息办	《关于印发电子商务发展"十一五"规划的通知》	发展环境；服务业；创新	完善电子商务发展环境
2009	商务部	《关于加快流通领域电子商务发展的意见》	流通领域；网上交易；企业；线上线下结合	开拓网上市场；推广网上交易
2010	商务部	《关于促进网络购物健康发展的指导意见》	网络交易；农村电商；市场秩序；线上线下结合	促进网络购物健康发展
2011	商务部	《商务部"十二五"电子商务发展指导意见》	服务业；企业；规范化；服务水平；规模化	重点鼓励发展电子商务服务业
2012	工信部	《电子商务"十二五"发展规划》	规范化；服务业；服务水平；企业；规模化；完善法规	电子商务交易额、用户数量利服务水平提升
2013	商务部	《关于促进电子商务应用的实施意见》	完善法规；规模化；规范化	完善标准体系，促进环境形成
2015	商务部等 19 部门	《关于加快发展农村电子商务的意见》	农村电商；基础设施	提升农村电子商务水平
2015	国务院办公厅	《国务院办公厅关于促进农村电子商务加快发展的指导意见》	农村电商；产业融合；扶贫	加快农村电子商务发展
2015	国务院	《国务院关于大力发展电子商务加快培育经济新动力的意见》	大市场；产业融合	确定到 2020 年的发展目标
2015	国务院	《国务院关于积极推进"互联网+"行动的指导意见》	农村电商；企业；网络营销；跨境电商；电商平台	提升巩固优势，鼓励企业运用大数据资源

续　表

年份	颁布部门	政策名称	高频关键字	政策目标
2016	商务部、中央网信办和国家发展改革委	《电子商务"十三五"发展规划》	相关产业；规模化；覆盖各领域；创新；电商平台	确定电子商务"十三五"发展目标
2016	国务院	《国务院关于深入推进新型城镇化建设的若干意见》	农村电商；基础设施；特色产业	加快农村电子商务发展
2016	国务院	《国务院关于深化制造业与互联网融合发展的指导意见》	企业；创新；服务水平；新业态	深化制造业与互联网融合发展
2017	国务院	《国务院关于进一步扩大和升级信息消费持续释放内需潜力的指导意见》	农村电商；物流建设；电商平台；跨境电商	扩大电子商务服务领域
2017	中共中央、国务院	《中共中央、国务院关于开展质量提升行动的指导意见》	创新；物流建设；人才培养	推动电子商务规则创新
2018	国务院办公厅	《国务院办公厅关于推进电子商务与快递物流协同发展的意见》	物流建设；企业	提高电子商务与快递物流协同发展水平
2018	中共中央、国务院	《中共中央、国务院关于打赢脱贫攻坚战三年行动的指导意见》	农村电商；扶贫	实施电商扶贫
2019	中共中央办公厅、国务院办公厅	《关于促进小农户和现代农业发展有机衔接的意见》	农村电商；设施建设；产业结合	促进小农户增收
2019	商务部等10部门	《多渠道拓宽贫困地区农产品营销渠道实施方案》	农村电商；物流设施建设；扶贫	完善贫困地区农村物流配送体系
2019	国务院办公厅	《关于促进平台经济规范健康发展的指导意见》	创新；完善法规；电商平台	完善加强平台经济相关法律法规
2020	市场监管总局等14部门	《2020网络市场监管专项行动（剑网行动）方案》	电商平台；监管	整治平台问题

续 表

年份	颁布部门	政策名称	高频关键字	政策目标
2020	市场监督总局	《关于开展固体饮料、压片糖果、代用茶等食品专项整治》	监管；打击违法	加强监督检查
2020	市场监督总局	《关于加强网络直播营销活动监管的指导意见》	电商平台；完善法规；网络直播	加强网络直播监管
2020	市场监督总局	《关于开展清理整治网络销售和宣传"特供""专供"标识商品专项行动》	完善法规；监管	整治清理"专供""特供"
2021	商务部办公厅	《关于推动电子商务企业绿色发展工作的通知》	绿色发展；节能增效	引导电商企业绿色发展
2021	市场监督总局	《网络交易监督管理办法》	电商平台；监管	规范网络交易活动，维护网络交易秩序

数据来源：作者整理。

2.4 小结

本部分基于北京市电商乳制品供应链涉及的上游供货方、中游供货方、电商平台、物流方及消费者五方主体的发展现状，分析了各供应链主体的联结模式。进一步从监管体系布局、监管政策等方面对当前涉及北京市电商乳制品安全监管的主要部门、监管目标、监管流程、监管工具以及监管机制进行总结分析，认为现阶段的监管还存在监管模式与电商乳制品交易发展不匹配、监管流程和环节存在盲区、缺乏针对新兴电商模式的监管办法、监管工作数据信息化还有待完善等四个方面的主要问题。

第3章

北京电商乳制品消费行为、反馈及购买意愿影响分析
——基于消费者问卷调查

电子商务不同于传统的交易方式，它突破了时间和空间上的局限性，以其所具有的开放性、全球性、低成本、高效率等特点，快速发展成为当今时代最热门的销售方式之一。在如今全球疫情的大背景下，传统行业受到了巨大的冲击，新兴的线上销售经营模式乘势而起，如社区电商、在线带货等，消费者的电商消费习惯迅速养成。根据中国互联网络信息中心（CNNIC）统计[①]，截至2020年12月，我国网民规模达9.89亿，互联网普及率达70.4%。其中，网络购物用户规模达到7.82亿，占网民整体的79.1%。此外，实物商品网上零售额达到了9.76万亿元，占社会消费品零售总额的24.9%。与此同时，电商乳制品的销售额增速惊人，以液态乳制品为例，销售额同比增速由2019年的42.0%增加至2020年的69.8%；根据Early Data电商大数据平台统计，2021年1—8月，乳制品类目电商总销售额更是达到了134亿元，总销量约2.194亿件。

虽然，电商为乳制品消费提供了更为便捷的渠道，但因其在交易上具有隐蔽性、虚拟性、信息不对称性等特点，也产生了新的食品安全监管问题。根据课题组消费者调查数据显示，消费者购买电商乳制品的整体满意度为3.4分（满分5分），即大部分消费者给予了"一般"或"较满意"的评价，而评分较低的消费者更多地认为购买电商乳制品在"商品质量"和"售后服务"方面存在问题。同时，根据调查发现，消费者对于电商乳制品的食品安全信心依然不足，这将会影响电商乳制品购买渠道的发展潜力，进而影响新形势下乳制品消费市场的健康发展。此外，北京市消费者的乳制品消费水平领先全国，据北京市奶业协会统计，2020年北京市人均年消费乳制品超过50千克，远高出全国平均15千克的水平。再者，根据CNNIC发布的第47次

---

① CNNIC发布第47次《中国互联网络发展状况统计报告》[EB/OL].（2021-02-03）. https://www.gov.cn/xinwen/2021-02/03/content_5584518.htm.

《中国互联网络发展状况统计报告》中的数据，北京市电商企业占全国1/3，是电商模式的主要发源地，并在电商乳制品领域具有示范价值。综上所述，本部分将以北京市为例，通过研究食品安全监管感知消费者对电商乳制品购买意愿的影响，探究消费者提升购买意愿的路径，促进乳制品消费市场多元化健康发展。

为分析北京电商乳制品的消费现状，本部分研究采用问卷调查的方式进行，问卷主要分为四个部分：第一部分是受访者的基本资料，包括性别、年龄、收入水平等相关的基础信息；第二部分是受访者购买电商乳制品的基本情况，包括每年购买乳制品的数量金额以及网购比重等；第三部分是受访者对购买电商乳制品质量安全的认识和态度，以及对购买电商乳制品的满意度和信任度等；第四部分是受访者对乳制品网购维权与监管的认识，包括对维权难度以及质量安检的满意度等（详见附录）。结构变量采用李克特5级量表（Likert scale），对7个变量18个问题进行测量。通过随机样本访问调查，共回收问卷932份，有效问卷共894份，有效率达95.9%。

3.1 电商乳制品消费行为与反馈分析

3.1.1 消费者侧写与消费行为偏好

相较于传统的线下销售，电商购物具有方便快捷、种类繁多、价格优惠等诸多鲜明的特色和优势，于是越来越多的消费者开始选择通过电商平台来购买乳制品。根据课题组消费者调查数据显示，消费者选择电商来购买乳制品的最主要原因便是"购物快捷节省时间"，占到了41.9%，其次还包括价格便宜、种类齐全、配送方便等原因（如图21所示）。

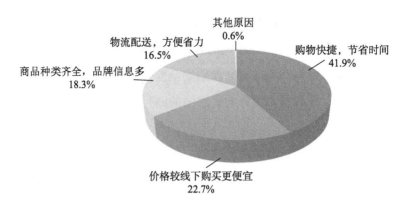

图 21 选择购买电商乳制品的原因

随着电商的快速发展，越来越多不同类型的电商平台开始销售乳制品，目前乳制品电商平台主要分为四类：以淘宝、天猫、京东为代表的综合电商平台，以每日优鲜、顺丰优选为代表的垂直电商平台，以抖音、快手、小红书为代表的社交电商平台，以及以盒马鲜生、掌鱼生鲜为代表的传统零售电商平台。其中乳制品电商消费者更多地选择综合电商来购买电商乳制品，其主要原因是这些电商平台具有更加方便快捷的购物方式，以及丰富的种类和较低的价格（如图22所示）。淘宝、天猫、京东作为主流的电商平台，拥有十分发达的配送网络，较大的销售量也使其具有十分丰富的商品种类和较低的价格，这与消费者选择电商来购买乳制品的初衷相吻合。

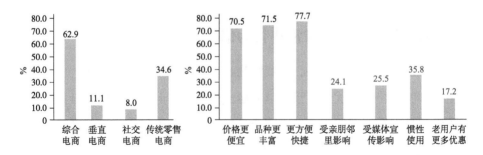

图 22 网购平台选择及原因

乳制品销售虽然具有方便快捷、商品种类繁多、价格优惠等诸多优势，但目前乳制品电商销售仍然没有占据乳制品销售的主导地位，约64%的乳制品消费者每月通过网络消费乳制品占总乳制品消费的比重还不到三成，这证明在电商乳制品销售过程中依然存在很多问题。通过分析调查数据我们发现，消费者购买电商乳制品的整体满意度为3.4分（满分5分），绝大多数消费者给予了"满意"和"一般"的评价（如图23所示），其中对"物流速度"的评分最高，而对于"退货效率"的评分则较低（如图24所示），这说明购买电商乳制品确实在很大程度上满足了消费者对于"快捷购物"的需求，但是在产品售后方面依然存在不尽如人意的地方。

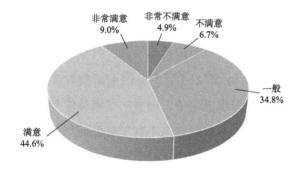

图23 乳制品网购整体满意度

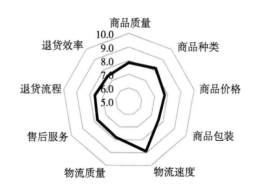

图24 乳制品电商消费者网购体验

其中消费者最担心的售后问题是保质期太短或已过保质期，另外是产品包装破损问题（如图25所示），这说明购买电商乳制品在质量安全和运输方面依然存在问题，而一旦发生产品质量问题或包装破损问题，则会在很大程度上影响消费者的网购体验。

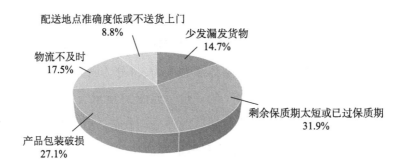

图 25　消费者最担心的售后问题

当消费者在购买电商乳制品的过程中遇到上述售后问题时，绝大多数消费者会选择联系商家或平台售后进行退换货，只有很少一部分消费者会选择自认倒霉（如图26所示），这表明乳制品网购消费者普遍具有较高的维权意识。但大部分消费者仅要求退换货，而要求商家补偿和给予中差评的消费者比例较小，这虽然最为便捷有效，但不利于督促商家改正销售中发生的问题和完善自己的销售流程和售后管理。

图 26　售后问题维权方式

"价格"和"评价"是消费者选择商品时的重要标准之一，在购买电商乳制品时，多数消费者倾向于参考好评率和价格及优惠活动来购买乳制品（如图27所示）。虽然价格是电商销售的一大优势，但是一味地追求低价便会使乳制品质量失去保证，"三聚氰胺"事件后大家对乳制品的质量安全更加关心，随着生活水平的提高，很多消费者愿意通过支付溢价来购买高档乳制品，其中75.3%的消费者愿意支付溢价来购买优质、好评率高的乳制品，54.2%的消费者愿意支付溢价购买冷链保鲜的乳制品，43.0%的消费者愿意支付溢价购买进口的乳制品（如图28所示）。

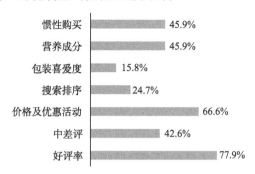

图 27　购买电商乳制品的参考要素

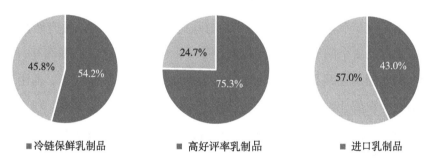

图 28　消费者支付溢价意愿

　　新冠肺炎疫情发生后，传统的线下乳制品销售行业受到了巨大的冲击，于是越来越多的消费者开始选择网络电商来购买乳制品。据调查，有67.2%的消费者在新冠肺炎疫情发生后选择了通过网络购买乳制品，其中有一半以上的消费者乳制品网购消费量超过了30%（如图29所示），这给乳制品网购发展提供了良好的机遇。受疫情影响，消费者对乳制品网购的质量安全有了更高的要求，约90.2%的消费者表示在新冠肺炎疫情发生后，会更注意网络购买的乳制品的质量安全。这就需要政府和商家平台增加对乳制品的食品安全监管力度，抓住这次发展机遇，充分发挥网络销售的独特优势，健康快速地发展乳制品网购行业。

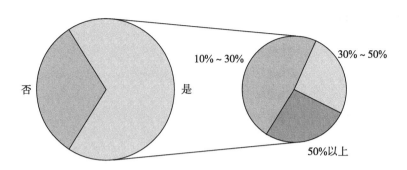

图 29　疫情发生后是否愿意购买电商乳制品

3.1.2 消费者售后反馈与市场应答

由于电商购物具有虚拟性，且乳制品对于储藏和运输条件有较高的要求，因此食品安全问题是乳制品电商销售中的重要问题之一，据调查，大约有51%的消费者在购买电商乳制品的过程中遇到过食品安全问题。而由于目前我国缺少权威性的电商乳制品食品安全认证，消费者缺少客观、权威、准确的食品安全判别方法，于是直观的广告便成为消费者中最普遍的电商乳制品食品安全辨别依据（如图30所示）。但由于广告的审核流程不够完善，乳制品电商销售中依然存在虚假宣传、认证滥用等欺诈消费者的行为。

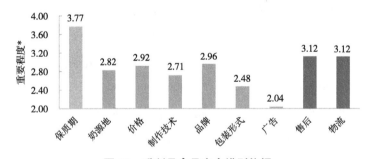

图 30　乳制品食品安全辨别依据

注："*"重要程度1为非常不重要，5为非常重要。本图重要程度区间为2～4。

当消费者在购买电商乳制品的过程中，发现产品有安全问题时，大多数消费者会选择联系商家或平台售后退换货，或向电商平台投诉，而只有较少的消费者会选择向消费者协会或政府有关部门投诉，这主要是因为向有关部门或协会维权的时间成本较高以及举证困难等。虽然直接联系商家退换货更为方便，但是这不利于完善食品安全监督制度，无法从根本上解决乳制品电商食品安全问题。在所有反馈食品安全问题的消费者中，多数消费者被给予了合理的补偿，但依然有约四分之一的消费者没有被给予符合预期的补偿（如图31所示），电商乳制品食品安全售后补偿机制依然不够完善。

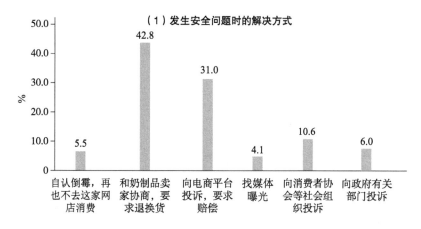

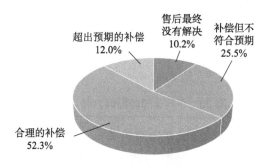

图31 解决方式与处理结果

由之前的分析可知，"评价"是很多消费者判断该商品质量的重要参考标准，但根据调查发现，乳制品电商消费者在购买电商乳制品后的评价反馈的意愿并不高。在网上购买乳制品后，仅有42%的消费者会选择对乳制品的质量安全等问题进行评价反馈，其中绝大部分消费者会选择在电商平台进行评价和意见反馈（如图32所示）。而对于评价反馈的结果，大部分消费者认为其对监管力度和产品质量有一定程度的影响（如图33所示）。根据之前的研究可知，好评率是乳制品消费者网购时的重要参考要素，因此要完善食品安全监管机制，就要发挥好消费者在监管机制中的作用，处理好对于消费者评价反馈的跟进处理工作，提高消费者的评价意愿。

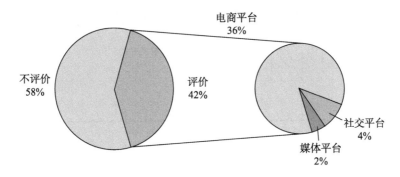

图 32　评价意愿

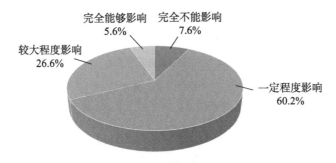

图 33　评价反馈的影响力度

分析调查结果发现，乳制品电商消费者普遍认为平台和政府是网购中质量安全监管的最重要监管主体（如图34所示）。不过有近一半的消费者认为乳制品网购质量安全监管的相关宣传不充分，有42.7%的消费者对于质量安全监管的相关法律和部门渠道不了解。这说明政府和平台在乳制品网购质量安全监管方面的宣传力度不足，没能充分发挥监管主体的宣传引导作用。相关部门应加大宣传力度，督促平台完善质量安全监管相关流程措施，这样才能提高消费者对购买电商乳制品质量安全监管的满意度和信任度，推进电商乳制品食品安全健康发展。

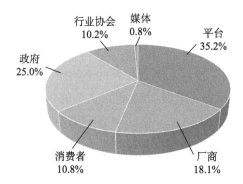

图34 消费者认为最重要的安全监管主体

3.2 电商乳制品消费意愿的影响路径分析
——基于安全监管感知

消费者的安全监管感知是对消费者风险感知在安全监管方向上的延伸。感知风险概念最早是由Bauer（1960）[①]从心理学延伸出来的概念，当消费者不确定自己购买商品后是否会存在不满意的情况，这便产生了消费者感知风险。在之后的研究中，Murray和Schlacter（1990）[②]将感知风险细化为时间风险、身体风险、心理风险、功能风险、社会风险、财务风险等六个维度。Sandra和Forsythe（2003）[③]将消费者网上购物时产生的感知风险定义为消费者在网上购物时主观感受到的不确定性和损失大小。于是，很多学者便开始对消费者感知风险与网购意愿之间的关系展开了研究［Wood，Scheer

---

① Bauer R A. Consumer Behavior as Risk Raking [C]. Hancock R S., Dynamic Marketing for a Changing World. Proceedings of the 43rd. Conference of the American Marketing Association，1960：389-398.

② Keith B. Murray, John L. Schlacter. The impact of services versus goods on consumers' assessment of perceived risk and variability[J].Journal of the Academy of Marketing Science, 1990, 18（1）: 51-65.

③ Sandra M. Forsythe, Bo Shi. Comsumer patronage and risk perceptions in Internet shopping[J]. Journal of Business Research，2003,（5）: 71-77.

（1996）[1]；赵冬梅，纪淑娴（2010）[2]；潘煜，张星，高丽（2010）[3]]。在食品安全监管方面，刘艳秋和周星（2009）[4]研究发现，政府对食品企业的监管、食品企业对食品质量的把关、消费者对食品安全的风险感知度、食品安全认证机构的公正性都会影响到消费者对食品安全的信任度；蒋凌琳和李宇阳（2011）[5]通过归纳目前国内外关于影响消费者对食品安全信任度的研究，总结出主要的影响因素有：消费者对食品安全信息的关注度、对食品安全体系的参与主体（政府及食品企业）的信任度、消费者的个体特征（如性别、年龄、收入等）；徐国钧、李建琴、刘浩天（2018）[6]研究发现，月收入、网络环境等因素是影响消费者电商购买意愿的重要因素。

纵观已有的研究可以发现，消费者特征、风险感知、安全监管等是影响电商平台购买意愿的主要因素，但是现有文献很少将风险感知与安全监管两个因素有机结合，也缺少关于电商平台购买偏好相关因素的讨论。因此，本研究将试图在上述领域进行对现有研究的延伸与补充。

3.2.1 消费者意愿影响研究基本假定

根据已有的研究结论可知，消费者的风险感知包括主观感受的不确定性和损失大小，从安全监管感知角度看，主观不确定性主要来自对安全监管制度的了解和信任程度，而损失大小则取决于对维权难度的感知，同时消费者的个体因素如网购体验和收入水平也会影响消费者的感知风险。为研究安全

---

① Wood C M, Scheer L. Incorporating perceived risk into models of consumers deal assessment and purchase intent [J]. Advance in Consumer Research, 1996, 23（1）: 399-404.

② 赵冬梅，纪淑娴.信任和感知风险对消费者网络购买意愿的实证研究[J].数理统计与管理，2010, 29（2）: 305-314.

③ 潘煜，张星，高丽.网络零售中影响消费者购买意愿因素研究：基于信任与感知风险的分析[J].中国工业经济，2010（7）: 115-124.

④ 刘艳秋，周星.基于食品安全的消费者信任形成机制研究[J].现代管理科学，2009（7）: 55-57.

⑤ 蒋凌琳，李宇阳.消费者对食品安全信任问题的研究综述[J].中国卫生政策研究，2011, 4（12）: 50-54.

⑥ 徐国钧，李建琴，刘浩天.消费者网购蜂蜜意愿的影响因素研究：基于问卷调查的实证分析[J].中国蜂业，2018, 69（4）: 63-68.

监管感知对消费者网购意愿的影响路径，因此本研究加入中介变量"消费者网购偏好"，从单价和数量两个角度分析其影响路径。其中，以支付溢价意愿来表示单价，以消费者乳制品消费中的电商购买比例来表示数量，以网购金额来表示电商购买意愿。

对食品安全监管了解和信任程度越高的消费者，在购买电商乳制品时主观感受的不确定性越小，则感知风险越小。这类消费者对购买电商乳制品的信心更强，因此有较低的意愿支付溢价去购买高价产品或进口乳制品，且因为网购的便捷性，这类消费者的网购比例更大，因此提出假设：

H1：信任感知对支付溢价意愿有负向影响，对网购比例有正向影响。

而对电商乳制品购买的维权难度感知越大的消费者，在购买电商乳制品时主观感受的损失越大，感知风险也越大。因为缺少对电商乳制品购买进行维权的信心，该类消费者会较少地选择购买电商乳制品，对于网购部分则更愿意选择高溢价的高价产品或进口乳制品，因此提出假设：

H2：维权难度感知对支付溢价意愿有正向影响，对网购比例有负向影响。

支付高溢价购买高价产品或进口乳制品会提升单位乳制品的平均价格，而乳制品网购比例的提升则会提高购买电商乳制品的数量，因此这两者都会提升消费者的电商购买意愿。且支付溢价意愿较高的消费者，购买的乳制品质量普遍较高，因此该类消费者具有较高的电商购买体验，会提高乳制品的网购比例。由此可以提出假设：

H3：支付溢价意愿和网购比例都会正向影响网购金额。

H4：支付溢价意愿正向影响网购比例。

选取的自变量、中介变量和因变量以及对应的符号如表6所示。

表6 变量名称及符号对应表

（1） 自变量	变量名称	符号	（2） 中介变量	变量名称	符号	（3） 因变量	变量名称	符号
安全监管 感知	信任感知	ξ_1	网购偏好	支付溢价 意愿	η_1	网购意愿	网购金额	η_3
	维权难度 感知	ξ_2						
个体因素	体验感知	ξ_3		网购比例	η_2			
	收入水平	ξ_4						

根据表6，构建结构方程如下所示：

$$\begin{cases} \eta_1 = \gamma_{11}\xi_1 + \gamma_{12}\xi_2 + \gamma_{13}\xi_3 + \gamma_{14}\xi_4 + \zeta_1 \\ \eta_2 = \gamma_{21}\xi_1 + \gamma_{22}\xi_2 + \gamma_{23}\xi_3 + \gamma_{24}\xi_4 + \beta_{21}\eta_1 + \zeta_2 \\ \eta_3 = \beta_{31}\eta_1 + \beta_{32}\eta_2 \end{cases} \quad （3-1）$$

在方程式（3-1）中，γ表示外生变量和内生变量之间的关系，β表示内生变量之间的关系，ζ表示内生变量残差项。

3.2.2 研究设计与数据分析

（1）样本描述统计

样本分布情况如表7所示，其中男性387位、女性507位；年龄分布中18~30岁的居多，样本数为532位，占到总样本数的59.5%；文化程度为大专与大学本科的比例最高，共有631人，占到总样本数的70.6%；绝大多数受访人员的收入水平分布在每月5 000~50 000元，且集中在每月10 000~20 000元，占比38.5%；居住城区占比前三位的是昌平区、海淀区和朝阳区，分别占到20.58%、11.74%以及9.84%。以上得到的数据分布情况与目前社会上电商平台销售消费者结构比较吻合。

（2）模型可靠性检验

①信度检验与效度检验

首先，对本组样本数据进行信度和效度检验。通过KMO和巴特利特检验得出（如表8所示），KMO取样适切性量数为0.858，大于要求值0.7。巴特利特球形度检验值小于0.05。此外，主成分分析析出7个因子，提取主成

表 7　样本的描述性统计（n=894）

项目	分类	数量	占比	项目	分类	数量	占比
性别	男	387	43.3%	居住城区分布	东城区	35	3.91%
	女	507	56.7%		西城区	68	7.61%
年龄	18～30 岁	532	59.5%		朝阳区	88	9.84%
	31～50 岁	267	29.9%		海淀区	105	11.74%
	51～65 岁	77	8.6%		石景山区	16	1.79%
	65 岁以上	18	2.0%		顺义区	29	3.24%
文化程度	小学以下水平	12	1.3%		昌平区	184	20.58%
	初中	57	6.4%		门头沟区	18	2.01%
	高中/中专/技校	137	15.3%		通州区	52	5.82%
	大专及大学本科	631	70.6%		房山区	56	6.26%
	研究生	57	6.4%		大兴区	75	8.39%
收入水平	5 000 元以下	78	8.7%		怀柔区	10	1.12%
	5 001～1 0000 元	235	26.3%		平谷区	18	2.01%
	10 001～20 000 元	344	38.5%		密云区	35	3.91%
	20 001～50 000 元	196	21.9%		延庆区	34	3.80%
	50 001 元以上	41	4.6%		丰台区	71	7.94%

数据来源：作者根据问卷数据计算整理。

分累计解释总平方差的61.484%，表示该组样本非常适合做因子分析。使用克朗巴赫系数（Cronbach's α）以及组合信度（CR）来衡量量表的"内部一致性"。克朗巴赫系数是指量表内所有可能的项目划分方法得到的折半信度系数的平均值，是最常用的信度测算方法。通常克朗巴赫系数的值介于0到1之间，当系数小于0.6时说明量表内部一致性不足，0.6至0.8说明量表具由相当的信度，0.8以上说明量表信度非常好。而组合信度是用来衡量有多个变量组合成的新变量内部的一致性程度，其值大于0.7为信度良好。根据表9结果，本研究中各个变量的克朗巴赫系数与组合信度都大于0.7，表示本组样本具有良好的信度。

表 8　效度检验结果

KMO 和巴特利特检验		
KMO 取样适切性量数		0.857 813
巴特利特球形度检验	近似卡方	6 687.33
	自由度	231
	显著性	0.00

数据来源：作者计算。

其次，使用验证性因子分析法计算平均方差提取值（AVE），来测算该样本的收敛效度，若AVE的值高于0.5且所有测量项的因子负荷高于0.7，则说明该组样本具有良好的收敛效度。本组数据中AVE均大于0.5且因子负荷均大于0.7，表明该组数据具有良好的收敛效度（如表9所示）。

表 9　信度和收敛效度检验结果

潜在变量	观测值	因子负荷	克朗巴赫系数（Cronbach's α）	平均方差提取值（AVE）	组合信度（CR）
信任感知（ξ_1）	A1	0.872	0.764	0.763	0.866
	A2	0.875			
维权难度感知（ξ_2）	B1	0.734	0.753	0.537	0.777
	B2	0.743			
	B3	0.722			
体验感知（ξ_3）	C1	0.763	0.870	0.654	0.930
	C2	0.783			
	C3	0.792			
	C4	0.839			
	C5	0.826			
	C6	0.841			
	C7	0.812			
支付溢价意愿（η_1）	E1	0.775	0.758	0.573	0.800
	E2	0.829			
	E3	0.657			

数据来源：作者计算整理。

②模型拟合度分析

对模型的拟合度进行测量，选取以下拟合指标：NC 值（X^2/df）、近似误差平方根（RMSEA）、本特勒–波内特规范指数（NFI）、相对拟合指数（CFI）、Tucker-Lewis 指数（TLI）、拟合优度指数（GFI）、修正的拟合优度指数（AGFI）、递增拟合指数（IFI）。计算结果显示各拟合指标的值均在推荐值范围内，表示模型有较好的拟合度（如表 10 所示）。

表 10　模型拟合度表

拟合指标	X^2/df	RMSEA	NFI	CFI	TLI	GFI	AGFI	IFI
推荐值	< 3	< 0.08	> 0.9	> 0.9	> 0.9	> 0.9	> 0.8	> 0.9
值	2.441	0.062	0.907	0.926	0.909	0.931	0.904	0.926

数据来源：作者计算整理。

（3）路径分析和假设验证

实现应用 AMOS24.0 软件对模型进行检验，检验结果如图 35 所示，图中左侧一列为自变量，包括安全监管感知和个体因素两大部分，中间一列是作为中介变量的消费者电商消费偏好，右侧一列是作为因变量的消费者电商购买意愿。连接箭头上的数字表示两个变量之间的路径系数，路径系数的大小表示了变量之间影响的大小。

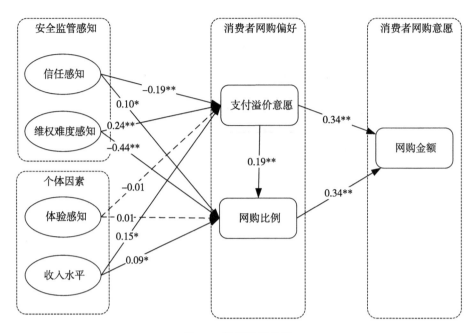

图 35 模型检验结果

数据来源：问卷数据作者整理计算。

注：*表示p<0.05，**表示p<0.01；虚线部分表示不显著。

由检验结果可知，除了体验感知对支付溢价意愿和网购比例的影响不显著外，其余影响关系均为显著，根据检验结果可以对假设做以下验证分析：

①信任感知负向显著影响支付溢价意愿，正向显著影响网购比例，验证了假设H1。由路径系数可以分析出，信任感知对支付溢价意愿的影响更为明显。证明信任感知较高的消费者，对我国购买电商乳制品质量的信心也更强，因此会较少地购买高溢价的乳制品。同时信任感知较高的消费者，会更多地选择方便快捷的网购平台来购买乳制品，因此乳制品网购比例较高。

②维权难度感知正向显著影响支付溢价意愿，负向显著影响网购比例，验证了假设H2。由路径系数可以分析出，维权难度感知对网购比例的影响更为明显。证明维权难度感知高的消费者更愿意支付较高的溢价去购买高价产品或国外进口的乳制品，同时因为维权难度感知较高的消费者会减少在电商平台上购买乳制品，进而导致了乳制品网购比例较低。

③支付溢价意愿和网购比例均显著正向影响网购金额，验证了假设H3。支付溢价意愿正向显著影响网购比例，验证了假设H4。支付溢价意愿和网购比例对网购金额影响的路径系数均为0.34，证明支付溢价意愿和网购比例对网购金额的影响大小基本相等。

④收入水平正向显著影响支付溢价意愿和网购比例，而体验感知对支付溢价意愿和网购比例的影响不显著。由路径系数可以分析出，收入水平对支付溢价意愿的影响更为明显。证明收入水平越高的消费者，支付溢价购买高价产品或国外进口乳制品的意愿越强烈，同时因为支付溢价导致的价格浮动对于高收入消费者的影响较小，因此高收入消费者更愿意选择种类多样且方便快捷的电商平台来购买乳制品，这导致乳制品网购比例较高。

（4）中介效应检验

为了进一步研究食品安全监管感知对消费者网购意愿的影响作用机制，本文构建以支付溢价意愿和乳制品网购比例为中介变量，建立影响消费者网购意愿的中介效应模型。利用Preacher和Hayes提出的Bootstrapping重复抽样5 000次检验支付溢价意愿、乳制品网购比例的中介作用。这种方法可以同时对多个中介模型进行检验，并对整体的中介效应进行测试，具有比传统统计方法更加强大的统计能力和更加稳定的统计结果。在测试结果中如果95%的置信区间内不包含0，则说明该中介效应是显著的。

表11　中介效应模型的路径系数

中介路径	间接效应系数	双侧检验p值	95%置信区间		中介效果
			下界	上界	
信任感知→网购偏好→网购意愿	0.060**	0.008	−0.129	−0.002	支持
维权难度感知→网购偏好→网购意愿	−0.053**	0.006	−0.136	−0.021	支持
收入水平→网购偏好→网购意愿	0.105**	0.001	0.070	0.142	支持

数据来源：作者计算整理。

注：** 表示p<0.01。

根据表11中介效应的分析结果，可以得出以下结论：

①消费者电商购买偏好在信任感知对消费者网购意愿的影响中起到中介作用。在95%的置信水平下，"信任感知→网购偏好→网购意愿"的置信区间为［-0.129，-0.002］，不包含0，因此消费者电商购买偏好在信任感知对消费者电商消费意愿的影响中起到的中介作用显著。由于信任感知负向显著影响支付溢价意愿，正向显著影响网购比例。所以，虽然随着消费者对食品安全监管的了解和信任程度的增加，支付溢价的意愿降低导致单位乳制品的平均价格下降，但是整体乳制品网购比例显著上升，最终乳制品电商购买意愿提高，这表现在信任感知对乳制品网购意愿的间接正向显著影响。

②消费者电商消费偏好在维权难度感知对消费者网购意愿的影响中起到中介作用。在95%的置信水平下，"维权难度感知→网购偏好→网购意愿"的置信区间为［-0.136，-0.021］，不包含0，因此消费者网购偏好在维权难度感知对消费者电商购买意愿的影响中起到的中介作用显著。由于维权难度感知正向显著影响支付溢价意愿，负向显著影响网购比例。因此，维权难度感知较高的消费者，虽然支付溢价意愿的提升导致了单位乳制品的平均价格上升，但是整体乳制品网购比例下降，导致最终电商乳制品购买意愿下降，这表现在维权难度感知对电商乳制品购买的间接负向显著影响。

③消费者电商消费偏好在收入水平对消费者网购意愿的影响中起到中介作用。在95%的置信水平下，"收入水平→网购偏好→网购意愿"的置信区间为［0.070，0.142］，不包含0，因此消费者网购偏好在收入水平对消费者网购意愿的影响中起到的中介作用显著。由于收入水平正向显著影响支付溢价意愿和网购比例，支付溢价意愿和电商乳制品购买比例均会直接正向显著影响电商乳制品购买意愿。故而，收入水平越高的消费者电商乳制品购买意愿越高，这表现在收入水平对电商乳制品购买意愿的间接正向显著影响。

3.3 小结

本部分基于消费者风险感知理论，从安全监管视角，建立结构方程模型，就消费者安全监管感知对电商乳制品购买意愿的影响路径进行实证分析，得出以下结论：（1）对食品安全监管的了解和信任程度越高的消费者，支付溢价购买进口或高价乳制品的意愿就越低，同时乳制品消费中的电商消费比例更高，且具有更高的电商乳制品消费意愿；（2）对维权难度感知越高的消费者，越愿意支付溢价去购买高价产品或进口乳制品，且乳制品消费中的网购比例越低，电商乳制品消费意愿不强；（3）收入越高的消费者购买电商乳制品的比例越高，且具有更愿意支付溢价购买高价产品或进口乳制品的倾向，网购意愿也更加强烈。综上所述，提升消费者安全监管的感知与降低维权难度，是提升消费者电商乳制品购买水平、促进国产品牌竞争力提升的关键路径。

第4章

北京电商平台乳制品消费反馈
归因分析
——基于网络大数据文本挖掘

与传统商品市场充斥着信息非对称的情况截然不同的是，随着社交性网络的发展，消费者在采用电子商务平台进行消费时，往往会根据他人对产品的消费评价来做出自己的购买决策，并在消费过程中产生新的购物分享信息，从而完成消费者对市场的反馈累积效应，最终对市场产生主导权，同时引发消费的趋众心理，形成信息交互与共振。因此，在分析北京市消费者乳制品电商消费的特征时，要重点分析目前电商平台乳制品消费的社交化结果，即通过分析消费者产品评价现状，反映消费者对乳制品消费的主要信息反馈，而这些反馈势必对后续消费产生引导作用，从而对产品的销售造成重要影响，而倒逼商家对反馈较差商品下架或者进行改良。也就是说，社交化的电商乳制品消费，会使得消费者在交易市场中反馈的作用被放大和强化，从而对产品的供应链安全监管产生重大影响。

"社会化电子商务"在2005年由Yahoo（雅虎）提出，指消费者在购物后分享体验和互相获得建议，发现满意的商品或服务并能达成交易的在线场所。在Afrasiabi-Rad和Benyoucef（2010）[1]看来，社会化电子商务是在单向交互的电子商务1.0上演变而来，具有更多的社交属性。Kim和Park（2013）[2]主要对社交电商中信任方面进行研究，从发现到信任是社交商务成功的核心，并对购买意向、口碑都有显著影响，而信任来自社交中的信息的有效传递。从国内研究来看，吴菊华等（2014）[3]认为社交电子商务是电子商务的一种特殊模式和进阶的发展阶段，是在社交化媒体的环境下和Web2.0技术下支持社交交互和用户生成内容，通过网络进行沟通交流、分享、传播和

① Rad A A, Benyoucef M. A Model for Understanding Social Commerce[J]. Journal of Information Systems Applied Research，2010，4（2）：63-73.

② Kim S, Park H. Effects of various characteristics of social-commerce on consumers trust and trust performance[J]. International Journal of Information Management, 2013, 33（2）: 318-332.

③ 吴菊华，等.社会化电子商务模式创新研究[J].情报科学，2014（12）：48-52，66.

推荐商品或服务，以了解和分析消费者的社会属性而实现体验更佳的线上消费，内容和关系是社交电商的两个基本元素，消费者在网站中的行为主要就是参与交互以巩固关系，另一个就是内容发布和创造。李宝玉等（2015）[①]认为 SNS 精准营销模式的实质是以数据为中心，所以研究电商乳制品社会化现象，需要采集海量的消费者满意反馈信息，而 Python（爬虫）工具为获取相关电商平台的消费数据提供了重要的手段。

4.1 乳制品满意度影响因素的 TSLS 分析

4.1.1 数据来源

（1）数据分布

为真实反映北京市消费者电商乳制品消费评价满意度反馈情况，本研究在 2020 年 11 月 1 日至 2021 年 10 月 31 日期间，在"*东"电子商务平台，以物流目的地北京市作为抓取消费地范围，以销量最高的"YL""MN""SY""GM"四家乳制品企业为主体，以 12 家乳制品官方旗舰店商铺为对象，采用 Python 软件抓取了 1 217 个乳制品产品每日的价格、销量、评价等相关信息（如表 12 所示），总有效抓取数目为 38 841 109 条。

表 12　北京市消费者*东平台乳制品消费店铺抓取名单

序号	店铺 id	名称	商品数
1	1000014603	SY 牛奶 * 东自营旗舰店	49
2	1000013402	YL 牛奶 * 东自营旗舰店	368
3	1000014803	MN* 东自营旗舰店	185
4	1000014602	GM 牛奶 * 东自营旗舰店	46

[①] 李宝玉，等.基于社交网络的电子商务特征及精准营销模式研究[J].物流工程与管理，2015（7）：160–162.

序号	店铺id	名称	商品数
5	175953	MN 官方旗舰店	39
6	112175	YL 牛奶官方旗舰店	169
7	10156866	YL 牛奶旗舰店	83
8	1000106864	SY 低温 * 东自营旗舰店	43
9	77602	SY 官方旗舰店	92
10	1000080424	GM 低温乳品 * 东自营旗舰店	76
11	1000091721	YL 低温乳品 * 东自营旗舰店	47
12	10177990	GM 低温奶旗舰店	20
总计			1 217

数据来源：作者统计梳理。

（2）数据抓取

本研究每天根据店铺id获取店铺所有商品的商品id，根据网络接口 https：//wqsou.jd.com/search/searchjson通过传入店铺id可以获得该店铺的商品信息，利用正则表达式"wearied"："（.*?）"匹配返回文本，就可以提取出商品id。再根据每个商品id，获得当日的价格信息，利用网络接口 https://pm.3.cn/prices/pcpmgets?skuids=传入商品id可以获得当前的商品价格，比如商品id为10277553119，网络返回：

```
JSON
[{
    "p": "79.90",
    "op": "130.00",
    "cuff": "0",
    "id": "J_10277553119",
    "m": "130.00"
}]
```

其中 "p" 这一栏对应的 "79.90" 就是该商品当时的价格。

其次，根据每个商品 id，获得当日的销量、评论信息。利用网络接口（https：//club.jd.com/comment/skuProductPageComments.action?productId=）传入商品 id，可以获得该商品的评论信息，还是以商品 10277553119 举例，获得的商品评论概述，包含了评论总数、好评数、中评数以及差评数等信息：

```
JSON
"productCommentSummary": {
    "skuId": 10277553119,
    "averageScore": 5,
    "defaultGoodCount": 0,
    "defaultGoodCountStr": "20 万 +",
    "commentCount": 0,
    "commentCountStr": "20 万 +",
    "goodCount": 0,
    "goodCountStr": "14 万 +",
    "goodRate": 0.98,
    "goodRateShow": 98,
    "generalCount": 0,
    "generalCountStr": "700+",
    "generalRate": 0.005,
    "generalRateShow": 1,
    "poorCount": 0,
    "poorCountStr": "800+",
    "poorRate": 0.015,
    "poorRateShow": 1,
    "videoCount": 0,
    "videoCountStr": "400+",
```

```
"afterCount": 0,

"afterCountStr": "800+",

"showCount": 0,

"showCountStr": "1.4 万 +",

"oneYear": 0,

"sensitiveBook": 0,

"fixCount": 62399,

"plusCount": 0,

"plusCountStr": "0",

"buyerShow": 5,

"poorRateStyle": 2,

"generalRateStyle": 1,

"goodRateStyle": 147,

"installRate": 0,

"productId": 10277553119,

"score1Count": 880,

"score2Count": 246,

"score3Count": 550,

"score4Count": 1201,

"score5Count": 81849

}
```

同时，该接口还可以获得某一类（好评、中评、差评）最新评论的详情，格式如下，其中"content"字段即为评论文本内容：

JSON
{
  "id": 16327973575,
  "guid": "659b6f4d97ab93e2d0afbd4eee8efe0d",
  "content": " 赶上做活动，一次买了两箱，价格实惠，特仑苏就是好喝，大人小孩都爱喝，两箱喝得很快，下次再多囤点货。京东也是很方便，今天下单，明天就送到了。非常方便。",
  "creationTime": "2021-09-19 11:18:11",
  "isDelete": false,
  "isTop": false,
  "userImageUrl": "misc.360buyimg.com/user/myjd-2015/css/i/peisong.jpg",
  "topped": 0,
  "replyCount": 0,
  "score": 5,
  "imageStatus": 1,
  "title": "",
  "usefulVoteCount": 0,
  "userClient": 2,
  "discussionId": 966943058,
  "imageCount": 2,
  "anonymousFlag": 1,
  "plusAvailable": 0,
  "mobileVersion": "10.1.4",
  "images": [{
      "id": 1547274882,
      "imgUrl": "//img30.360buyimg.com/shaidan/s128x96_jfs/t1/91775/15/18433/127729/6146abf3E8b555307/e4d4cc8c47ce2d1b.jpg",

```
            "imgTitle": "",
            "status": 0
    }, {
            "id": 1547274883,
            "imgUrl": "//img30.360buyimg.com/shaidan/s128x96_jfs/t1/204425/33/7
170/134959/6146abf3E8e878b45/e67a0759f70744a0.jpg",
            "imgTitle": "",
            "status": 0
    }],
    "videos": [{
            "id": 1547274884,
            "mainUrl": "https://jvod.300hu.com/img/2021/97715653/1/img2.jpg",
            "videoHeight": 1280,
            "videoWidth": 720,
            "videoLength": 14,
            "videoTitle": "",
            "videoUrl": 623650324,
            "videoId": 623650324,
            "status": 0,
            "remark": "https://jvod.300hu.com/vod/product/e8a2a377-
cce4-4b49-8cb3-db72ad26e908/91f1fe820dec4a8ab49ba20472f9f729.
mp4?source=2&h265=h265/18799/a1e9e8023e1743eab7be3b2a0dda8ff7.mp4"
    }],
    "mergeOrderStatus": 2,
    "productColor": "",
    "productSize": "",
    "textIntegral": 20,
```

"imageIntegral": 20,

"status": 1,

"referenceId": "10277553119",

"referenceTime": "2021-08-07 09:08:36",

"nickname": "w***i",

"replyCount2": 0,

"userImage": "misc.360buyimg.com/user/myjd-2015/css/i/peisong.jpg",

"orderId": 0,

"integral": 40,

"productSales": "[]",

"referenceImage": "jfs/t1/210273/2/8318/291252/61851989Ed2ed87c0/
b8f9f61c0e0efa19.jpg",

"referenceName": " 蒙牛 特仑苏纯牛奶 250ml×16 礼盒装新老包装随机发
货送礼盒装 ",

"firstCategory": 1320,

"secondCategory": 1585,

"thirdCategory": 9434,

"aesPin": null,

"days": 43,

"afterDays": 0

}

4.1.2 模型构建与变量选取

（1）计量模型构建

在爬取的消费数据中，最能综合反映电商乳制品消费满意度的就是商品的差评率（中差评数占总评论数的比重），其中，考虑到消费者一般给予中评时往往是对商品消费的各个环节存在不满意的地方，所以将中差评（电商行业统称为"不良评价")都归为负面反馈。而影响差评率的主要原因：一是来自消费行为本身，二是来自评价过程。根据消费函数，其主要变量包括消费量、消费价格，从而选取1 217款乳制品商品的销量和11个月的平均价格（每种商品的日价格根据当日销量加权平均）；而评价过程主要采用评论数来代表，评论数量越多表明该商品引发的社交化特征越明显。其中，商品的平均价格越高，通常表明商品的质量相对较高，那么自然会带来较低的差评率，而差评率低又会对后续消费者形成正面反馈，促进该商品的消费需求的形成，那么对其价格又有正向刺激作用，二者存在互为因果的关系；另一方面，销量同差评率之间也有"双向因果"关系，即销量高的产品本身会出现"多做多错"的现象，随着销量的增加导致不满意的消费者人数或者事件数量上升，从而会影响差评率的发展，同时，差评率作为重要的参考标准，也会影响消费者对该产品的购买决策。综上所述，"平均价格"和"销量"很可能是内生变量。评论数也会对差评率产生影响，因为评论总数的增加一方面会稀释负面评价的占比（比如部分消费者会有所谓"习惯性好评"），另一方面商家也可以通过某些营销行为（比如鼓励消费者发表正面评论从而给予一定的礼品奖励）对评论数进行干预，从而影响差评率，所以该变量是外生性的。此外，研究纳入乳制品类型的"分类"、乳制品的"品牌"两个变量作为工具变量（如表13所示）。根据以上模型设定，北京市电商乳制品消费满意度模型为：

$$NR = \alpha_0 + \alpha_1 MP + \alpha_2 MP + \alpha_3 NC + \varepsilon \qquad (4\text{-}1)$$

公式（4-1）中NR表示差评率，MP表示平均价格，MP表示销量，NC表示评论数，$\alpha_i (i = 0, 1, 2, 3)$表示参数，$\varepsilon$表示随机误差项。

（2）变量设定与描述统计

根据上述模型构建过程，选择爬取数据变量如表13所示，并对变量进行描述性分析，可以发现：

一是在*东平台销售的乳制品差评率很低，每种商品的差评率平均值仅为0.068 7（6.87%），表明目前电商乳制品整体消费满意度较高；二是平均商品价格为 75.750 2 元，考虑到商品销量是按单计算，表明消费者在电商平台一个订单购买乳制品数量较大，如果按北京市奶牛团队调研数据 2021 年 8 月乳制品市场销售平均价格为 2.73 元 /250ml（取调查数据袋装牛奶 2.46 元 /240ml 和盒装牛奶 2.90 元 /250ml 的平均值）粗略计算，那么一个消费者一次性购买超过 13 千克牛奶；三是消费者主要消费的乳制品品类是酸奶和纯牛奶，占比分别为 32.0%、38.9%，其次是含乳饮料 16.8%，低温奶和奶粉类仅占 4.6% 和 7.8%；四是消费者参与评论的比重较高，按平均数计算，每 100 个订单中会有 40 个订单包含有效的评论信息，能够较好地促进电子商务的社交化发展，并形成消费者反馈效应。

表 13　模型变量的设定与描述

类型	名称	代码	均值	标准差
被解释变量	差评率	NR	0.068 7	0.076 9
内生变量	平均价格 / 元	MP	75.750 2	30.646 7
	销量 / 单	SV	142 932.509 6	516 241.382 7
工具变量	分类（1= 酸奶；2= 纯牛奶；3= 低温奶；4= 含乳饮品；5= 奶粉）	PC	2.300 0	1.286 0
	品牌（1=YL；2=SY；3=MN；4=GM）	DB	2.080 0	1.187 0
外生变量	评论数 / 个	NC	57 203.400 6	223 136.264 2

数据来源：作者计算。

4.1.3 模型实证分析

（1）TSLS 模型拟合结果

由于"平均价格"和"销量"可能为内生变量，而在内生性问题的解决上，通常使用工具变量法，其基本思想在于选取的工具变量与内生变量有着相关性（如果相关性很低则称为弱工具变量），但是工具变量与被解释变量基本没有相关关系。所以，先对选取的内生变量、工具变量与被解释变量做相关性检验（如表 14 所示）。根据检验结果显示，品牌分别与平均价格和销量以及分类与销量均在 0.01 的显著性水平上存在相关，分类与平均价格在

0.5的显著性水平上存在相关，同时，品牌和分类在0.01和0.5的显著性水平上均与差评率无相关。而差评率与销量和平均价格均在0.01的显著性水平上存在负相关。综上所述，该模型选取的工具变量是适合的，且被解释变量与内生变量存在很强的线性相关，符合构建TSLS模型的基本假定。此外，由于工具变量个数与内生变量个数相等，所以这是一个恰好识别的模型，且不需要进行过度识别检验（Sargan检验和Basmann检验等）。

表 14　相关性检验

		品牌	分类	平均价格	销量	差评率
品牌	皮尔逊相关性	1	−0.184**	−0.195**	−0.156**	0.029
	Sig.（双尾）		0.000	0.000	0.000	0.444
分类	皮尔逊相关性	−0.184**	1	0.098*	−0.974**	−0.065
	Sig.（双尾）	0.000		0.011	0.000	0.090
平均价格	皮尔逊相关性	−0.195**	0.098*	1	0.051	−0.139**
	Sig.（双尾）	0.000	0.011		0.187	0.000
销量	皮尔逊相关性	0.156**	−0.974**	0.051	1	−0.149**
	Sig.（双尾）	0.000	0.000	0.187		0.000
差评率	皮尔逊相关性	0.029	−0.065	−0.139**	−0.149**	1
	Sig.（双尾）	0.444	0.090	0.000	0.000	

注：**表示在0.01级别（双尾），相关性显著；*表示在0.5级别（双尾），相关性显著。

为防止量纲影响，对所有变量进行标准化后再进行拟合。本研究采用SPSSAU[①]网站进行模型数据的拟合，得到表15的回归结果。模型调整后的可决系数为0.511、Wald χ^2 为183.433 3（p=0.000）、DW值=1.731，两个内生变量和一个外生变量的系数的t检验均在0.1以上的显著性水平上通过，表明模型整体拟合情况较好，解释变量的线性组合可以解释51.1%的被解释变量的变化。

---

① SPSSAU数据科学分析平台，https://spssau.com/index.html。

表 15 模型变量的设定与描述

项目	系数	标准误	t值	显著性	R^2	调整 R^2	Wald χ^2
常量	0.216	0.066	3.273	0.001***			
Z 平均价格	−0.980	0.486	−2.017	0.044**	0.523	0.511	$\chi^2（3）=183.433$,
Z 销量	−0.289	0.166	−1.735	0.083*			p=0.000***
Z 评价数	−1.068	0.273	−3.911	0.000***			

注：*** 表示在0.01显著性水平上显著；** 表示在0.5显著性水平上显著；* 表示在0.1显著性水平上显著。DW值=1.731。

根据表15TSLS模型回归结果，具体分析如下：

①平均价格的回归系数为−0.980（p=0.044<0.05），意味着价格对差评率产生负向影响。正如上文所述，在目前国内乳制品市场上，通常定价与产品品质呈正比，价格越高的产品其原料奶品质、口味、包装、保鲜等技术水平都相应配套，所以消费者对产品的认可度更高，在电商平台消费反馈中也进一步验证了该结论。同时，结合表15中平均价格与销量没有显著的相关性，表明电商平台消费者通常对乳制品的价格不敏感，所以乳制品厂商可以在一定程度上通过提升商品的品质和价格来提升满意度。

②销量的回归系数为−0.289（p=0.083<0.1），意味着销量对差评率产生负向影响。销量越高，相应商品评价越趋于正面，而消费者的"趋利避害"和"羊群效应"等心理现象会进一步强化这种正面影响，从而使该变量对差评率产生更为强烈的抑制作用。

③评价数的回归系数为−1.068（p=0.000<0.01），意味着评价数量对差评率产生负向影响。评价数量越多实际会导致差评数的绝对值增加，转化成差评率后也无法直接判断其影响方向，而电商乳制品消费的评价数越多导致差评率越少，说明增加的评价中好评增速快于中差评，除了上文分析中涉及的商家给予某些奖励促进消费者给予好评外，实际上也是由于满意度越高的商品消费者越倾向于与他人分享消费感受，这与目前整个网络社交正向信息传播和扩散的可能性更大和速度更快的特性有关。

综上所述，价格越高、销量越大以及评论数越多的商品，其差评率就越趋于下降，消费者对于这类乳制品更趋之若鹜，这就使得乳制品厂商在电商平台维护商品的评价满意度变得非常重要，而维持高的满意度又需要进一步提升商品的信誉和品质，形成"差评率低—价格高、销量大—评论数多—品质维护—差评率低"的良性循环，从而说明在电商乳制品消费中消费者反馈具有很强的指导性意义，对乳制品品质与安全产生了逆产业链而上的监管作用。

（2）内生性检验

进一步采用 Durbin-Wu-Hausman 检验解释变量的内生性是否存在的问题，从而验证模型的适用性和结果的可靠性。从表16可知，原假设为所有解释变量均为外生变量（即不存在内生变量），本次研究纳入的内生变量为"平均价格""销量"，Durbin 检验（p=0.000<0.01）和 Wu-Hausman 检验均显示拒绝原假设（p=0.000 <0.01），意味着"所有解释变量均外生"这一假设不成立，即意味着"平均价格"和"销量"是内生变量。

表 16 Durbin-Wu-Hausman 检验结果

检验	原假设	检验结果	检验结论
Durbin 检验	所有解释变量均外生	$\chi^2（2）=183.433$，p=0.000	拒绝原假设
Wu-Hausman 检验	所有解释变量均外生	$F（2,121 5）=8.481$，p=0.000	拒绝原假设

4.2 乳制品消费负面评价关键词分析

通过上述分析，总结出电商乳制品提升消费者满意度和市场销售水平的主要方法，但对于造成消费者不良反馈的原因往往才是限制电商乳制品健康发展和亟待加强食品安全监管的根本问题。为进一步了解消费者电商乳制品消费不良反馈的主要原因，本研究采取文本挖掘手段，通过文本聚类归纳这些核心问题。针对抓取数据中用户的真实有效评论数据进行筛选，剔除无效文本信息，在全部38 841 109条记录中共筛选出48 011条有效文本评论进行分析。

4.2.1 文本预处理

对于所有的文本评价信息是无法直接进行聚类的，需要先对每条文本评论进行分词处理，本研究使用基于深度学习的分词工具HanLP来进行分词处理，关键代码如下：

```Python
from hanlp_restful import HanLPClient
HanLP = HanLPClient('https://www.hanlp.com/api', auth=None language='zh',
timeout=20)  # auth 不填则匿名，zh 中文
doc = HanLP.parse(comment)
```

在分词处理中，为了更好地分析文本实质性内容，关键的研究步骤是对分词结果进行词性标注，从而可以在海量文本中过滤掉无意义的词汇。本研究基于CTB（Chinese Treebank）词性标注集进行了词性标注，以某条评论"是真不给送货上门啊，就放快递柜"为例，词性标注后的分词结果如下：

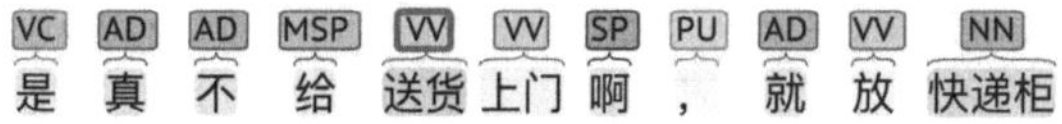

VC	AD	AD	MSP	VV	VV	SP	PU	AD	VV	NN
是	真	不	给	送货	上门	啊	，	就	放	快递柜

图36　分词结果案例

图36中，各词性标签对应的含义及全部涉及的分词词性含义对照如表17所示。基于中文表达习惯和词性理解，在分析评价关键词和情绪表述真实意涵时，有必要过滤掉标点符号、介词、代词、副词等不具有实际表意价值的词汇，仅保留名词、动词、形容词等词性的词语作为评论的关键词。还是以上面的评论为例，最后保留下的词汇为"送货""上门""放""快递柜"。由于评价来源于消费者的不良反馈，所以这些评价的真实用意是表达消费者的不满情绪，进而对于分词之后的词组分析中，即便不存在表达负面情绪的词语，也应当作负面表述。因此，对于上述案例中涉及的四个关键

词，可以分析得出，该消费者是由于物流没有送货上门，将货物直接放到快递柜而导致了对此次电商乳制品消费的负面评价。基于上述基本问题讨论，可以进一步延伸出，在电商乳制品监管体系中，监管环节不仅要关注乳制品生产企业的品质管理，还要对电商平台的交易、物流等体系进行监管，尤其针对电商消费"最后一公里"存在的各种品质风险和相关服务进行监督管理。

表 17　分词词性对照表

标签	含义	标签	含义
AD	副词	M	量词，例子："个"
AS	体态词，体标记（例如：了，在，着，过）	MSP	例子："所"
BA	"把""将"的词性标记	NN	普通名词
CC	并列连词，"和"	NR	专有名词
CD	数字，"一百"	NT	时序词，表示时间的名词
CS	从属连词（例子：若，如果，如……）	OD	序数词，"第一"
DEC	"的"词性标记	ON	拟声词，"哈哈"
DEG	连接词"的"	P	介词
DER	"得"	PN	代词
DEV	"地"	PU	标点
DT	限定词，"这"	SB	例子："被，给"
ETC	等，等等	SP	句尾小品词，"吗"
FW	例子：ISO	VA	表语形容词，"红"
IJ	感叹词	VC	系动词，"是"
LB	例子：被，给	VE	"有"
LC	定位词，例子："里"	VV	其他动词

资料来源：https://blog.csdn.net/jingOlivia/article/details/108538999。

4.2.2 文本关键词分析

在每条评论都已提取出关键词的基础上，还需要把这些关键词转换为一个个的特征，然后统计每个特征出现的次数，这一过程被称为"文本向量化"。通过文本向量化才能进行评价的关键词分析。本研究使用业界知名机器学习库scikit-learn进行文本向量化，关键代码为：

```
Python：
from sklearn.feature_extraction.text import CountVectorizer
tf_vectorizer = CountVectorizer(stop_words=stop_words, min_df=1)
tf = tf_vectorizer.fit_transform(comments)
```

通过对48 011条有效评论进行特征分析，最终得到94 841个特征（关键词）。为进一步分析和观察这些特征（关键词）的重要程度和彼此之间的关联情况，本研究采用NodeXL社会网络可视化工具来实现。NodeXL的主要功能是社交网络的透视，通过输出网络边（关系）的布局图，来揭示核心特征结构。NodeXL在计算社会网络研究中常见的指标有程度、特征向量中心性、中介中心性和接近中心性等。本研究采用中介中心性指标，因为该指标不仅包含某一节点的关系链接数量，还包括该节点相链接的相关节点，从而在构成关系网中起"桥梁"作用，如若移除这些"桥梁"节点，将会导致整个网络崩塌，从而可以凸显造成消费者电商乳制品不良反馈的主要原因。

另外，还需要补充说明的是，本研究采用Harel-Koren Fast Multiscale算法得到特征（关键词）的布局图，从而观察消费者评价特征的整体分布情况，得到图37。其中根据节点间的中介中心性，可以将所有节点分为4组，分别用不同颜色的字体表示，而节点之间链接关联程度采用不同粗细、深浅的紫色链表示，链越宽、颜色越深则表示关联度越高。通过观察布局图可以得到以下结论：

一方面，最核心的关键词为"牛奶""*东"（电商平台名称，缩写为JD）、"次"（中文语义表达商品或服务质量不佳），再根据链关系，按照语义可以将所有关键词归纳为两大类，一类是涉及产品本身质量，包括"日期""箱""包装"等，另一类是涉及电商平台，包括"物流""客服""差评"等。

另一方面，在4组分类中，深蓝色字体节点组主要涉及乳制品本身的质量和口味评价，浅蓝色字体节点组主要涉及电商平台销售乳制品的保质期等问题，绿色字体节点组主要涉及电商平台服务质量问题，黑色字体节点组则是不能被明显归纳为上述三组的其他细碎节点，主要涉及商品包装问题，可以被归并到第一组。

基于总的布局图再绘制分组布局图，如图38、图39和图40所示。根据中介中心度，将核心节点的热力程度用节点的大小标识。观察各分组布局图得到以下结论：

①第一组的超级关键词为"牛奶""包装""箱""没有""日期""次"6个（如图38所示）。其中，"牛奶"是所有评价的唯一对象，在不良反馈的原因分析中无须再做过多分析。"包装"和"箱"都涉及乳制品的包装问题，反映出导致消费者不满意的重要原因之一是收到的货物外包装情况不良，造成消费者对商品品质的疑虑和本身购物体验感的降低。结合实际情况，电商乳制品外包装存在问题主要集中在物流环节中的装卸货和运输过程，所以提升电商物流技术水平，保障液体类商品的包装清洁状态对电商乳制品质量监管而言也十分重要。再者，"没有""日期"和"次"主要涉及乳制品本身的质量问题，"没有"的高度链接关键词是"味道"，表明消费者对乳品本身的品质存在不满意的情况，而"日期"则直接涉及商品质量保障，"次"是主观评价，表达消费者对商品整体品质的负面感受，以上评价关键词表明针对乳制品本身的质量监管还需进一步加强。

②第二组的超级关键词为"客服""天"两个（如图39所示）。围绕关键词"客服"的次级核心关键词有"东西""收到""快递""差"及"问题"等，结合其余相关链接节点，电商平台的物流及配送环节是出现消费者负面反馈的重要原因。与关键词"天"高度关联的热度较高的关键词有"保质期""生产""奶"及"商品"等指向乳制品质量的词汇，考虑到第二组是基于电商平台中心度形成的分组，所以第二组的乳制品质量与第一组不同，再结合其他节点可以得出分析，第二组乳制品质量问题往往是由于电商平台货物调配、库存调整等原因造成的出货商品保质期临期引发的品质问题。所

以，电商平台的货物周转和出货时效等也应被纳入质量监管体系。

③第三组的超级关键词为"＊东"（如图40所示），即电商平台本身，所以这部分负面评价是围绕电商平台提供的销售服务而言。具体涉及电商平台的营销活动、售后服务、发货时效、物流配送等多个环节。总体而言，这组关键词表明，由于电商平台直接与消费者产生互动，所以其服务质量应作为监管的重要抓手。

综上所述，通过对消费者电商乳制品负面反馈关键词的提取和分析，总结出电商乳制品安全监管机制的进一步构建与完善，除了需要对乳制品本身品质即乳制品加工环节加强监管外，还应当加强电商平台的服务与物流环节的规范与管理，包括对电商库存周转出货品质的品质安全监管、电商平台销售服务与应答反馈的消费者权益监管和物流配送环节的品质保障监管，只有做好这些环节中乳制品品质的系统化管理才能最终达到从生产到消费的全链安全监管。然而，结合目前北京市电商乳制品监管体系的发展现状，这部分监管功能还有待进行结构性的调整和全方位的加强。此外，由于电商乳制品的消费反馈具有极强的社会化效应，而该效应的发挥对电商乳制品消费市场的发展具有引导力和推动力，所以在构建电商乳制品安全监管机制时，应以消费者的反馈作为重要参考坐标，充分发挥消费者在安全监管机制上的协同治理作用。

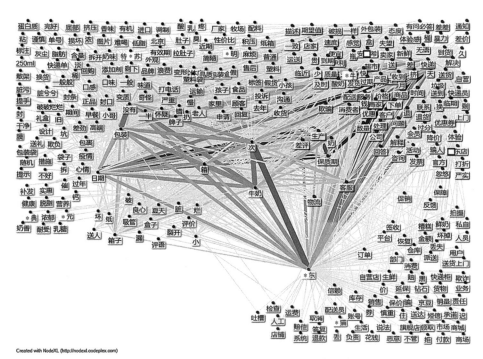

Created with NodeXL (http://nodexl.codeplex.com)

图37 电商乳制品消费者评价关键词布局图

图注：对图中涉及的企业名称，企业知名商品的商品名等做脱敏处理，图43、图
44、图45同样处理。

图38 第一组关键词超级节点分布

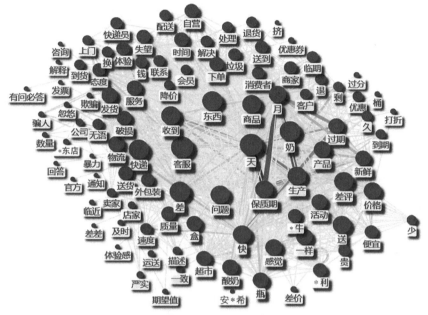

图39　第二组关键词超级节点分布

图40　第三组关键词超级节点分布

4.3 乳制品消费负面评价的分类聚类分析

在前文已经提到，在爬取乳制品电商平台消费数据时，基于品牌对比的需求爬取了4个销量最高的品牌的数据，基于乳制品品类对比的需求爬取了5类最主要的消费品类，共计9类。本研究对每类乳制品消费的所有评论进行分类文本向量化，得到的特征数量结果如表18所示。为进一步深入分析不同的品牌、品类的乳制品在电商平台消费反馈中的差异，本部分采用LDA（Latent Dirichlet Allocation）文本数据挖掘方法，对评价特征进行聚类分析。

表 18　电商乳制品消费评价分类文本向量化结果

分类标准	类型	评论数	特征数
品类	低温奶	20 393	8 392
	纯牛奶	17 952	8 435
	含乳饮料	1 766	2 202
	奶粉	326	746
	酸奶	7 081	4 837
品牌	YL	19 531	8 249
	SY	6 653	5 004
	MN	14 137	6 952
	GM	7 002	4 722

数据来源：作者计算并汇总。

使用文本聚类，注意到对于某类评论，事先是无法得知实际分类的数量的，需要不断调整主题个数，并评估聚类结果，最终确定合适的主题数。在进行数据挖掘聚类学习时，采用在线变分贝叶斯（Online Variational Bayes）方法处理数据，不断在前一次计算结果上进行调整。而离线（batch）算法对于新来的数据，总是把它加到前面的数据重新计算得到结果。在线算法执行速度较快，且可以保证最终收敛到一个局部最优点，但最优点的点质量以及收敛的速度还取决于学习时参数的设置，降低早期迭代的权重（learning_ offset）设置为 50，迭代次数（max_iter）为 50。使用 pyLDAvis 将聚类的结果生成可视化图表。pyLDAvis 可以帮助研究人员展示从文本数据语料库中拟合的主题模型中的主题。该软件包从拟合的 LDA 主题模型中提取信息，为基于网络的交互式可视化提供数据。只需要将之前得到的 LDA 主题模型、向量化后的文本语料数据传入就可以生成网页格式的可交互图表，显示主题的数量为 15。通过分类不同聚类类别数分析结果对比，将九类关键词聚类为 3 类效果最优，所以全部采用 3 类聚类结果进行对比分析，关键代码如下：

```Haskell
Haskell
import pyLDAvis  # 所需可视化模块
import pyLDAvis.sklearn


data = pyLDAvis.sklearn.prepare(lda, tf, tf_vectorizer, R=15)
pyLDAvis.save_html(data, keyword + '_' + str(n_topics) + '.html')
```

4.3.1 乳制品品类聚类

通过特征（关键词）文本聚类，每组图中标红部分为选定的类别气泡及其排名前 15 位的高频关键词，而气泡大小也表明该类别评价的重要性，气泡越大评论聚类越重要，特征越具有影响力（如图 41 至图 45 所示）。首先，需要进一步说明的是，由于关键词（特征）全部来自不良反馈，所以其中表意看似正向、积极的评论，如"好喝""喜欢""便宜""不错"等，实际是关联负面表意的副词的，即"不好喝""不喜欢""不便宜"。其次，如果某类乳制品品类的关键词中出现该品类自身，该关键词可以不予讨论。根据前 15 位出现频数关键词的表意内容前后顺序，将 5 类乳制品 3 种聚类的主要评价主题凝练，总结出包括"保鲜""电商""品质"及"物流"四大主题（如表 19 所示），且关键词的排序越靠前越重要，这些关键词的具体内涵和区别联系为：

①保鲜：指负面评价主要涉及对乳制品生产日期、保质期、新鲜程度的反馈，其中产品包装方面出现的负面反馈也表示对产品新鲜程度的不良感受；

②电商：指主要涉及电子商务平台提供的系统服务，包括交易过程涉及的客户服务、营销价格、物流配送等；

③品质：这部分评价与"保鲜"侧重点不同，更多基于乳制品本身的"味道""口味""口感"等给出负面反馈，如"难喝""（不）喜欢"等；

④物流：该部分评价与"电商"侧重点不同，更多基于"包装""破损""快递""送货"等物流环节，而没有出现"＊东"等直接涉及电商平台的关键词或位置相对靠后。

通过上述评价主题的总结，可以发现5种乳制品品类的负面评价的关键词排列组合各不相同，通过关键词出现的次数和位置可以得到以下结论：

第一，"品质"是所有品类乳制品均包含的关键词，说明对品质的要求是乳制品电商消费的基础，但通过进一步观察，"品质"在5类乳制品负面评价聚类中的位置相对靠后，说明虽然品质问题非常重要，但并不是造成消费者不满的最突出的原因。

第二，"电商"除了在低温奶品类中排在第二位外，其余4种品类的评价主题中均排在第一位。这就表明，电商平台提供的服务不周到、环节不完善是目前消费者最容易出现负面评价的原因。如果考虑到"物流"本身就是电商环节中的重要一环，并且该主题也在含乳饮料和奶粉中凝练出两次，可以进一步说明，电商消费中物流与配送环节是最容易引发消费者不满的关键问题，也是安全监管的重难点。

第三，"保鲜"主题在低温奶、纯牛奶和酸奶3类品类中出现，且在低温奶类中占据首位，这与实际消费者对这些具有鲜活产品特征的乳制品保质保温要求高有关，所以针对这类产品要加强产品周转期的监管。

表 19　乳制品品类三类聚类中频数前 15 名的关键词

品类	低温奶			含乳饮料			奶粉			纯牛奶			酸奶		
聚类	一类	二类	三类	一类	二类	三类	一类	二类	三类	一类	二类	三类	一类	二类	三类
关键词	日期	*东	便宜	*东	味道	包装	奶粉	包装	商家	包装	日期	不错	包装	日期	酸奶
	牛奶	客服	味道	客服	日期	破损	客服	差评	发票	*东	差评	味道	*东	保质期	味道
	包装	价格	差评	垃圾	好喝	箱子	东西	奶粉	购买	牛奶	生产	牛奶	客服	不错	价格
	差评	东西	质量	价格	一般般	东西	收到	味道	口味	快递	保质期	价格	差评	生产	好喝
	新鲜	购物	评价	差评	难喝	盒子	*东	价格	味道	箱子	新鲜	好喝	快递	过期	口感
	生产	快递	吸管	商品	生产	吸管	退货	快递	产品	东西	过期	口感	东西	新鲜	口味
	保质期	垃圾	口味	快递	口味	紫薯	降价	怀疑	快递	破损	牛奶	口味	箱子	酸奶	喜欢
	不错	送货	包装	发货	保质期	牛奶	*利	喜欢	生产	一般般	垃圾	酸奶	破损	收到	超市
	过期	物流	规格	牛奶	喜欢	布丁	购买	奶味	父母	物流	*东	喜欢	酸奶	*东	活动
	箱子	收到	含量	减肥	口感	简陋	无语	超市	降价	收到	收到	购买	盒子	临期	便宜
	破损	收货	赞赞	物流	过期	外面	包装	*东	香味	外包装	客服	超市	悠悠	产品	难喝
	收到	商品	人群	便宜	新鲜	外包装	勺子	牛奶	9月份	客服	商品	吸管	骗人	到期	一般般
	产品	时间	脂肪	活动	收到	收到	电话	好喝	喝完	购物	临期	便宜	商品	购买	安*希
	外包装	自营	好评	体验	购买	快递	牛奶	质量	规格	服务	产品	*牛	物流	时间	不好
	味道	服务	值得	东西	豆浆	差评	发货	活动	好喝	盒子	活动	孩子	收到	活动	品牌
评价主题	保鲜	电商	品质	电商	品质	物流	电商	物流	品质	电商	保鲜	品质	电商	保鲜	品质

注："*利""*牛"为乳制品企业名称，"*东"为电商平台名，"安*希"为某乳制品的商品名。

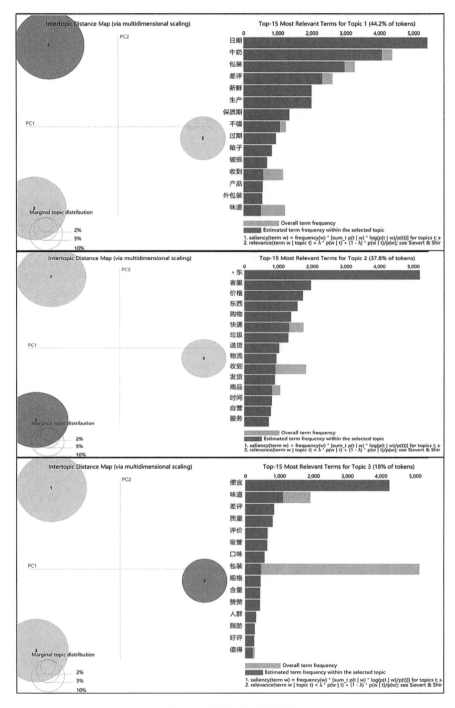

图 41　低温奶关键词聚类

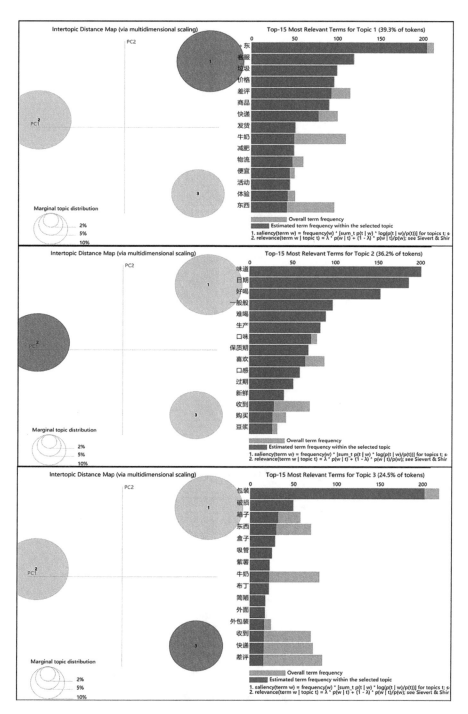

图42　含乳饮料关键词聚类

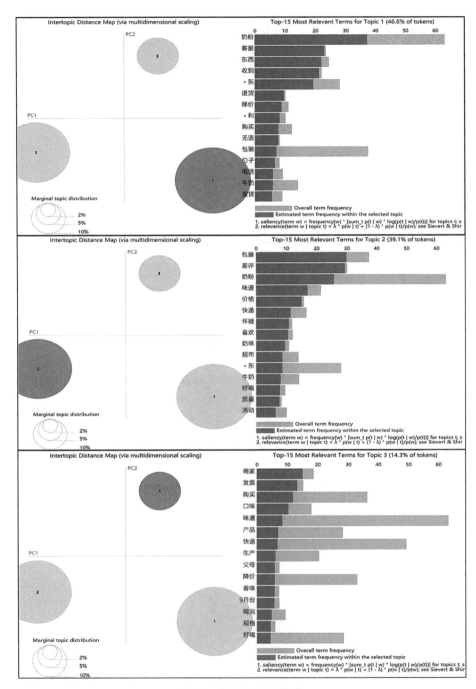

图 43　奶粉关键词聚类

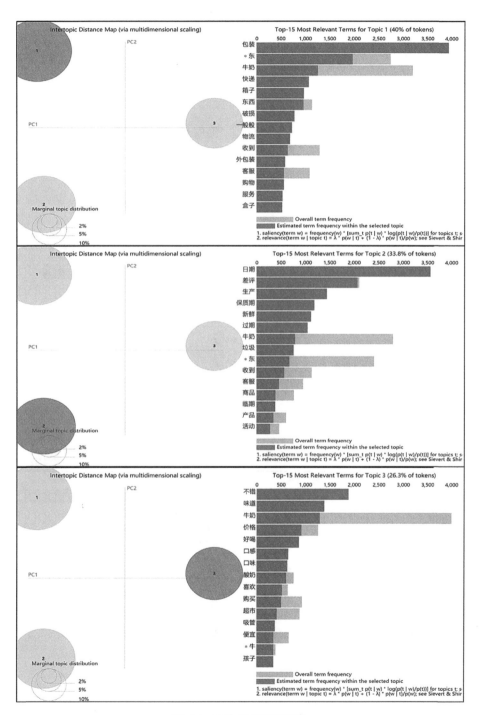

图44 纯牛奶关键词聚类

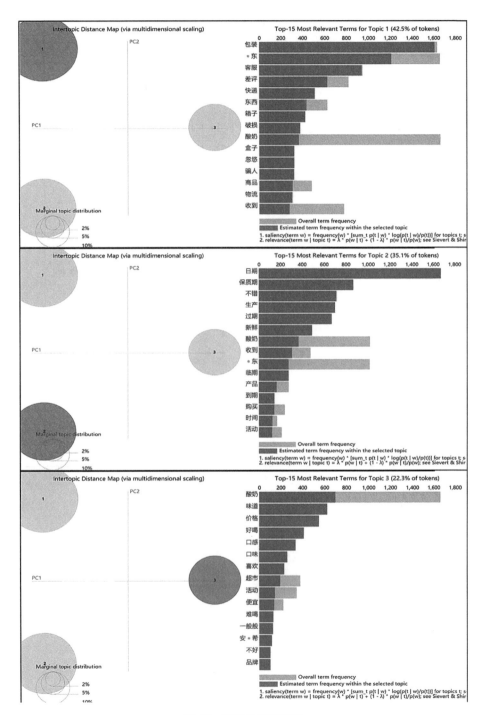

图 45　酸奶关键词聚类

4.3.2 乳制品品牌聚类

采用与乳制品品类聚类相同的处理方法，进行3类聚类（如图46至图49所示）。通过对前15位出现频数关键词的评价主题凝练，总结出除了"保鲜""电商""品质"及"物流"等于品类聚类相同的主题之外，还出现了"营销"主题（如表20所示）。前4类评价主题的内涵与区别联系和品类聚类也基本相同，而"营销"主题是与电商平台密切相关的内涵延伸，但与"电商"主题涉及电子商务平台乳制品购买的各个环节，以及"物流"主题主要侧重电商平台物流配送环节不同，"营销"主题中出现的关键词，例如"促销""优惠""降价""活动"等，凸显出该主题是针对电商营销活动而产生的消费者负面反馈。

与品类聚类结果相比，乳制品品牌的聚类主题有较高的一致性，当然也存在品牌差异性，具体得到以下结论：

第一，4种乳制品品牌的第一聚类主题均为"保鲜"，说明乳制品消费的首要目标就是产品的鲜活属性，在结合品类聚类"保鲜"主题主要与低温奶、纯牛奶和酸奶相联系，也可以推论出消费者主要消费4个品牌的这3类乳制品品类，那么在电商乳制品安全监管中，这3类乳制品的新鲜程度应作为监管重点。当然，这一鲜活属性的保障，不仅涉及乳制品企业的安全监管，更要关注电商环节的物流过程，这也从4个品牌"保鲜"主题中包含"*东""快递""平台"等关键词得到进一步验证。

第二，"电商""物流""品质"等主题在4个品牌聚类中也反复出现，且搜索关键词排序有所差异，导致主题的侧重点不同。但是，仔细观察关键词的内容，可主要归纳为两类问题：一是最关键的乳制品品质问题，多涉及对乳制品企业本身生产产品的不满意；二是与电商物流过程有关，由于货物物流配送导致包装损坏等，引起消费者不满。以上问题与品类聚类的情况相似。

第三，"营销"是在品牌聚类中才出现的主题类型。通过观察关键词内容，可以发现，开展品牌营销活动后消费者的不满意反馈主要集中在价格、品质两个方面。其中，价格方面与电商平台的营销运营相关，是否在营销过程中基于诚实信用，使消费者获得实惠的购买价格是引发负面反馈的主要原因。此外，"拉肚子""难喝"等关键词说明消费者对营销产品的品质有比较强烈的负面评价，这往往与参与营销的产品保质期临期有关，所以营销活动也应纳入安全监管的内容。

表20　乳制品品牌三类聚类中频数前15名的关键词

品类	YL			SY			MN			GM		
聚类	一类	二类	三类	一类	二类	三类	一类	二类	三类	一类	二类	三类
关键词	日期	*东	便宜	日期	牛奶	赞赞	日期	包装	价格	日期	包装	味道
	包装	不错	味道	*东	包装	差评	*东	差评	不错	保质期	牛奶	牛奶
	差评	客服	好喝	保质期	味道	不好	生产	牛奶	*东	生产	*东	*明
	牛奶	东西	牛奶	生产	价格	一般般	新鲜	味道	优惠	新鲜	不错	价格
	新鲜	垃圾	口感	收到	吸管	促销	过期	箱子	降价	*东	快递	酸奶
	生产	物流	口味	牛奶	好喝	日期	收到	破损	活动	过期	差评	失望
	保质期	快递	*利	新鲜	破损	商家	保质期	快递	大数据	购物	东西	好喝
	过期	自营	喜欢	过期	不错	拉肚子	客服	评差	难喝	收到	箱子	口感
	价格	购物	酸奶	客服	口感	恶劣	东西	一般般	便宜	牛奶	破损	便宜
	箱子	服务	难喝	差评	箱子	消费者	垃圾	*牛	口味	差评	打开	口味
	超市	体验	孩子	快递	不菲	营销	商品	好喝	记得	客服	送货	包装
	收到	送货	奶味	商品	*明	评差	购物	盒子	购买	平台	外包装	含量
	破损	质量	含量	东西	质量	发展	发货	超市	拉肚子	网上	盒子	喜欢
	一般般	商品	发票	服务	酸奶	工作	满意	口感	实惠	不好	客服	一般般
	外包装	态度	安*希	下单	打开	值得	包装	便宜	会员	商城	收到	拉肚子
评价主题	保鲜	电商	品质	保鲜	品质	营销	保鲜	物流	营销	保鲜	物流	品质

注："*牛""*利""*明"为乳制品企业名称，"安*希"为某乳制品的商品名，"*东"为电商平台名。

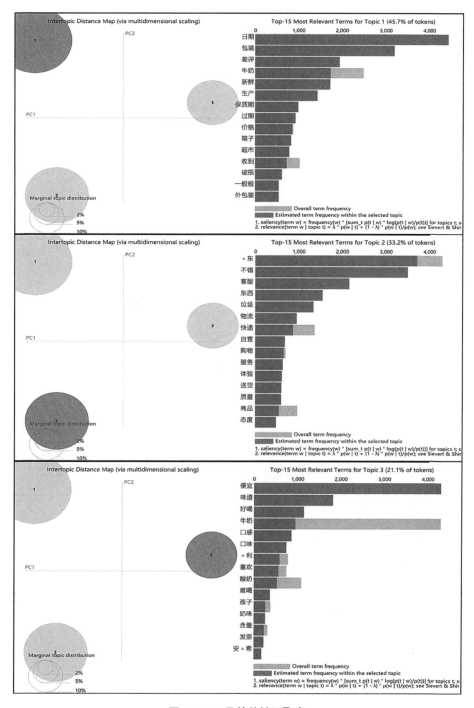

图 46 YL品牌关键词聚类

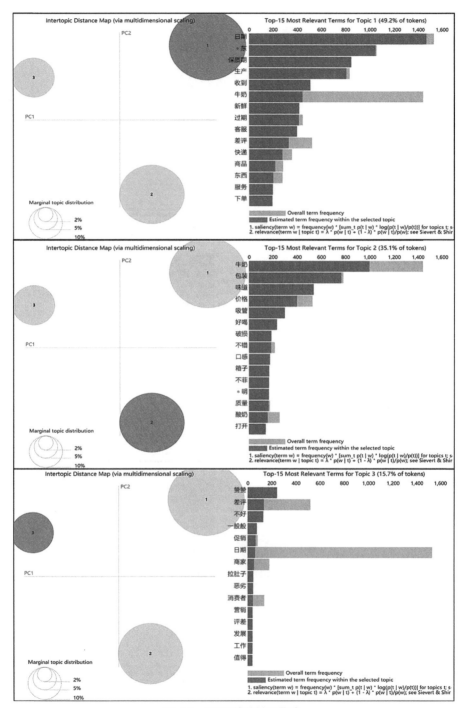

图 47　SY品牌关键词聚类

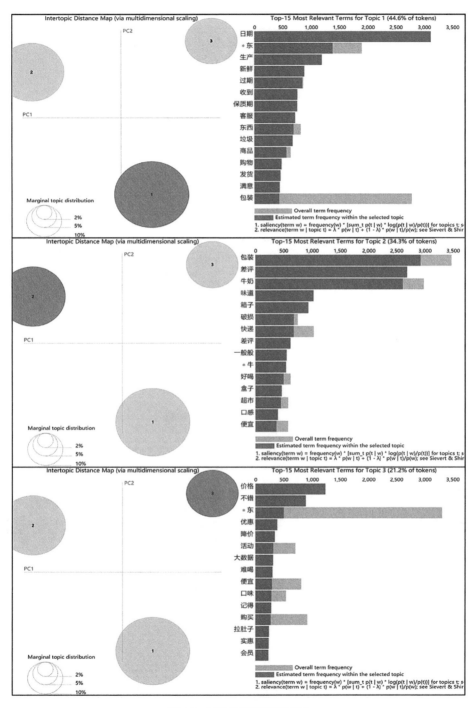

图48 MN品牌关键词聚类

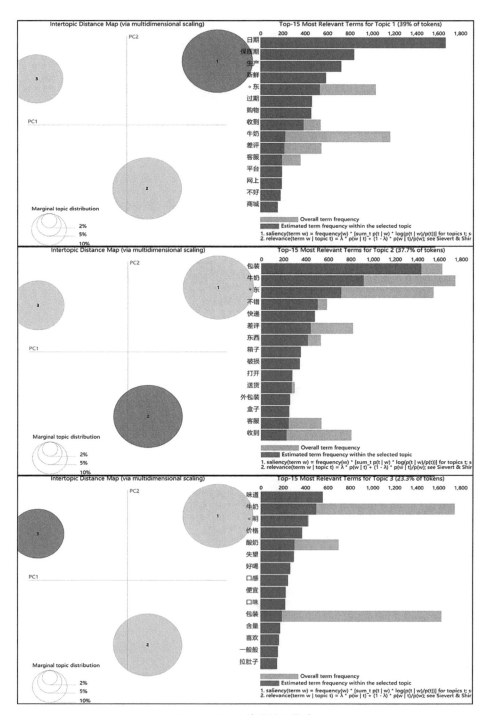

图 49 GM品牌关键词聚类

4.4 小结

本部分采用电商平台爬取的消费者乳制品消费大数据，通过消费满意度的影响因素分析，以及基于文本分词处理的评价关键词聚类分析，得到以下研究结论：（1）价格相对较高、销售量较大的乳制品的满意度水平也相对较高，且电商平台的消费者对价格相对不敏感，所以在电商乳制品的安全监管中要针对价格、销量水平相对较低的品牌和品类进行严格监管，倒逼乳制品企业提升产品品质，即便导致价格整体的调涨，只要在适度范围内，也不会引发市场消费水平的明显下降，反而会增进消费者的良性消费体验；（2）通过对5种乳制品品类、4个乳制品品牌的聚类分析，发现"保鲜""电商""品质""物流"及"营销"等主题是导致消费者负面反馈的评价主题，针对这些主题在电商乳制品的安全监管中除了要对乳制品企业进一步加强品质管理以外，更要构建和完善针对电商平台的安全监管体系，尤其是平台的售后服务、物流配送、营销活动等业务行为，也要被纳入监管体系。

第5章

北京电商乳制品安全协同监管机制研究
——基于消费者反馈

据中国奶业协会公布的数据显示，2020年我国乳制品的销售规模达到2 507亿元，占食品总销售额比例的39.26%，乳制品的总需求达到5 431万吨，同2019年相比增长8%，这也是近年来中国乳制品消费需求量增长最快的一年。另外，2021年前8个月乳制品的总电商销售额约为134亿元，总销售量达2 194亿件，新零售浪潮下网络食品交易的快速发展，拓宽了乳制品企业的营销渠道[①]。但是，由于网络食品交易具有跨地域性、隐蔽性、虚拟性等新特点[②]，食品电商的迅猛发展带来了新的食品安全监管问题，对相关监管部门提出了新的挑战和要求。早期的食品安全监管研究主要强调政府对食品市场的干预，但日益庞杂的食品安全治理工作涉及食品领域的专业知识与多种信息传递渠道，政府单一监管模式已不能满足消费者对安全食品的需求[③]。在此背景下，许多学者从多个角度、不同层面对我国食品安全监管问题进行了广泛研究，认为必须拓宽关联主体进入监管体系的路径，实现"政府+关联多主体"的协同监管体系是健全优化食品安全监管的重要内容。2019年《中共中央 国务院关于深化改革加强食品安全工作的意见》中也强调食品安全协同治理是当前质量监管的新模式，指出该模式是适应多级多维食品产销渠道发展的监管工作发展新方向。实践证明，中国十几亿消费者对乳制品的评价好与否是衡量产业现状的唯一标准，消费者是国家乳制品最广泛的检验师（吴秋琳，2018）。因此消费者的反馈对乳制品质量监管至关重要，在食品电商背景下，消费者反馈的可获得性大大增强，这也为多渠道主体监管模式的构建奠定了基础。

---

① 尹相荣，洪岚，王珍.网络平台交易情境下的食品安全监管：基于协同监管和信息共享的新型模式[J].当代经济管理，2020（3）.

② 赵鹏.超越平台责任：网络食品交易规制模式之反思[J].华东政法大学学报，2017（1）：60-71.

③ Antle J M. Benefits and Costs of Food Safety Regulation[J]. Food Policy, 1999, 24（6）: 605-623.

根据CNNIC发布的第47次《中国互联网络发展状况统计报告》中公布的数据，北京市电子商务上市公司占全国的1/3，并且具有完整的乳制品产销供应链体系，人均乳制品年消费量达到50千克，超过全国平均水平一倍以上，所以北京乳制品电商的发展在全国具有代表性和示范作用。基于此本书针对北京乳制品电商供应企业的研究是在消费者反馈机制下，基于协同治理框架，研究食品质量安全监管机制的创新发展，为北京市现代化食品安全监管体系的优化完善以及乳制品行业的健康发展提供理论依据。

5.1 基于消费者反馈的电商乳制品安全协同监管机制博弈分析

围绕乳制品质量监管这一问题，国内外学者进行了广泛研究，主要从供应者、消费者、政府、第三方主体之间的双方或三方博弈进行论述。Martinez（1979）[①]按照政府对私人部门的授权程度，将食品安全协同监管归结为"自上而下"和"自下而上"两种模式。国外一些学者认为完善的监管制度、相关部门加强对食品行业的监管力度有利于保障乳制品质量安全（Biles，2000[②]；Romano 等，2004[③]；Magill，1995[④]）。从三方博弈的角度来

---

① Martinez M G, Fearne A, Caswell J A, Henson S. Co-regulation as a Possible Model for Food Safety Governance: Opportunities for Public–private Partnerships[J]. Food Policy, 2007.

② Biles R. Southern Paternalism and the American Welfare State: Economics, Politics, and Institutions in the South, 1865-1965 [J].Southern Economic Journal, 2000, 86（4）: 1794-1821.

③ Romano D, Cavicchi A, Rocchi B, et al. Costs and Benefits of Compliance for HACCP Regulation in the Italian Meat and Dairy Sector[C]. Seminar, February 8-11, 2004, Zeist, the Netherlands. European Association of Agricultural Economists, 2004: 1-10.

④ Magill M E. Congressional control over agency rulemaking: the Nutrition Labeling and Education Actfs hammer provisions[J].Food & Drug Law Journal, 1995, 50（1）: 149.

看，朱立龙（2019）[①]和孙淑慧（2019）[②]构建了基于消费者反馈机制的食品生产企业、第三方检测机构和政府监管部门之间的三方演化博弈模型。王铁骊（2020）[③]通过引入价值感知构建了基于消费者感知的三方动态博弈模型，并通过此模型来探讨企业、政府及消费者对外卖食品安全的影响因素研究。从双方博弈的角度来看，魏云凤（2013）[④]基于社会责任视角的乳制品安全，构建了企业与消费者之间的完全信息动态博弈，分析企业面对消费者投诉情况下的策略选择。王文信（2017）[⑤]从消费者信任视角，通过构建结构方程模型，探讨影响乳制品购买意愿的因素，从而提出加强消费者乳制品相关知识的认知教育、乳制品企业自律及加强政府监管等对策建议。杨倍贝（2016）[⑥]通过构建食品生产与消费博弈模型，提出消费者对可追溯性食品的认知程度和市场上出现具有不完全信息食品现象是约束我国食品安全的关键因素。为了解消费者对中国乳品质量与安全的认知，乌云花等（2020）[⑦]通过问卷数据分析出需要加强农村消费者对液态奶营养和安全的认知，完善质量检测体系，加强乳制品行业的监督检查。还有一些国内学者从企业责任理论、监管理论、博弈论的相关知识等角度构建了乳制品企业与政府监管机构的博弈模型，分析政企之间的博弈行为及其演化趋势（史建文 等，2011[⑧]；

[①] 朱立龙，孙淑慧.消费者反馈机制下食品质量安全监管三方演化博弈及仿真分析[J].重庆大学学报，2019（3）：94-107.

[②] 孙淑慧.基于演化博弈的多主体参与下食品质量监管机制研究[D].济南：山东师范大学，2019.

[③] 王铁骊，向楚尧.动态博弈视角下的第三方外卖平台上食品安全研究[J].南华大学学报，2020，21（2）：55-60.

[④] 魏云凤.基于社会责任视角的乳制品安全问题博弈研究[D].重庆：西南大学，2013.

[⑤] 王文信，孙乾晋.消费者信任对乳制品购买意愿的影响研究[J].中国畜牧杂志，2017，53（7）：133-137.

[⑥] 杨倍贝.具有可追溯性食品市场的博弈分析[J].农技服务，2016，33（14）：12-13.

[⑦] 乌云花，等.农村消费者对乳品质量与安全的认知及其对消费的影响：以内蒙古科右前旗液态奶消费为例[J].中国畜牧杂志，2020，56（11）：195-198.

[⑧] 史建文，马军，齐培潇.企业责任与监管机构的博弈分析：基于乳制品企业的行为分析[J].内蒙古财经学院学报，2011（2）：31-34.

于欣 等，2012[①]；张紫薇，2015[②]；郭延景 等，2017[③]）。

以上文献为本文提供了良好的借鉴，其中也不乏采用博弈思想进行的学术研究，但已有文献大多采用双方或三方博弈的思想，对乳制品供应链上的主体进行分析。在网络电商不断发展的时代，双方或三方主体监管机制已不能满足食品安全的要求，通过多元主体演化博弈来研究乳制品质量监管问题还需进一步完善，基于此本文构建了消费者、乳制品供应者、政府监管部门、第三方主体的四方演化博弈模型，求解并分析乳制品供应者在消费者反馈机制下的演化趋势，最后对乳制品供应者稳定策略的演化趋势进行了仿真分析，并提出了相应的对策和建议。

5.1.1 协同监管机制的构建

结合现有文献，基于信息共享分析北京市乳制品安全协同监管的理论框架与机制，将契约型公私伙伴关系运用于该情境，构建了四方主体、三个层面的框架体系（如图50所示）：

（1）从外层来看，乳制品供应者与政府部门构成发起层，乳制品供应企业根据自身成本收益以及结合相关监管监督环境决定其食品安全行为，政府部门起到供应监督的作用；消费者与政府部门构成分工层，对乳制品质量监管分工管理，消费者作为乳制品最广泛的检验师，消费者的评价反馈对政府的质量监管起到一定的引导作用；政府监管部门作为食品安全监管机构，通过抽检、准入把关等多种方式对乳制品的质量安全进行供应监管；协会、科研机构及媒体作为第三方监督主体，构成保障层，以对食品安全问题的报道向社会大众传递食品企业行为相关信息为主要方式，发挥对乳制品企业的行

① 于欣，吕晓明.利用政府监管消除寡头垄断市场中的恶性竞争：以中国乳制品市场为例 [J].大连民族学院学报，2012，14（2）：137-139.

② 张紫薇.质量安全规制背景下政企博弈行为分析：以乳制品行业为例 [D].大连：东北财经大学，2015，29：131-132.

③ 郭延景，吴强，孙世民.乳制品加工企业质量控制策略进化博弈分析 [J].科技和产业，2017，17（10）：65-71.

业监督作用，同时消费者对第三方主体的报道行为给予美誉度的评价。

（2）从内层来看，乳制品供应企业的违规程度受政府的"放管服"影响，具体表现为严格按照有关食品安全的法律法规供给高质量乳制品，或者受到经济利益驱使采取违规行为供给低质量乳制品，政府部门对乳制品供应企业的监管力度表现为严格监管或宽松监管，消费者通过反馈满意度形成与政府之间的信息共享，表现为满意或不满意，第三方主体得到的消费者的声誉评价表现为高声誉或低声誉。

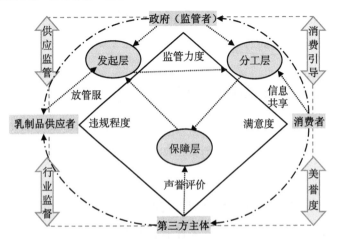

图 50　北京市乳制品协同监管机制路径图

5.1.2 模型假设

通过以上协同监管机制的构建，做出如下假设（如表21所示）：

假设1：在本文的分析中，有四方参与主体：消费者为参与方1，乳制品供应者为参与方2，监管者为参与方3，第三方主体为参与方4，且四方参与主体都是有限理性的。参与方1的策略选择空间为s_u=（满意，不满意）；参与方2的策略选择空间s_e=（提供高质量食品，提供低质量食品）；参与方3的策略选择空间为s_i=（严格监管，宽松监管）；参与方4的策略选择空间为s_g=（高声誉，低声誉）。

假设2：消费者满意的概率是n（$0 \leq n \leq 1$），不满意的概率是$1-n$；供应者提供高质量乳制品的概率为 x（$0 \leq x \leq 1$），提供低质量乳制品的概率为 $1-x$；政府监管部门选择严格监管的概率为 y（$0 \leq y \leq 1$），选择宽松监管的概率为 $1-y$；第三方主体如实报道获得高声誉的概率为 z（$0 \leq z \leq 1$），选择不如实报道的概率为 $1-z$。

假设 3：乳制品供应者提供低质量乳制品时，其成本为 c_l；提供高质量乳制品时，其成本为 c_h。当乳制品供应者选择提供低质量乳制品时，为了通过质量检测，会选择向第三方主体进行寻租，设寻租成本为 c_r，可知 $c_r \leq c_h - c_l$。乳制品供应者的销售收益为 v。若政府监管部门严格监管，会发现寻租行为，对违规乳制品供应者进行惩罚，对乳制品供应者的惩罚额为 F。消费者对供应者提供的产品满意会做出反馈，消费者满意的情况下反馈的价值感知为 r_h，不满意的情况下反馈的价值感知为 r_l。

表 21 四方主体博弈模型

消费者 u	供应者 v	监管部门	第三方主体	
满意 N	高质量产品 x, c_h, r_h	严格监管 y	高声誉 z	低声誉 $1-z$
		宽松监管 $1-y$	高声誉 z	低声誉 $1-z$
	低质量产品 $1-x$, c_l, c_r, r_h, f	严格监管 y	高声誉 z	低声誉 $1-z$
		宽松监管 $1-y$	高声誉 z	低声誉 $1-z$
不满意 $1-N$	高质量产品 x, c_h, c_l	严格监管 y	高声誉 z	低声誉 $1-z$
		宽松监管 $1-y$	高声誉 z	低声誉 $1-z$
	低质量产品 $1-x$, c_l, c_r, r_l, f	严格监管 y	高声誉 z	低声誉 $1-z$
		宽松监管 $1-y$	高声誉 z	低声誉 $1-z$

5.1.3 模型构建

由表 21 可知乳制品供应者选择"提供高质量乳制品"的期望收益为 E_{e1}，其中：

$$E_{e1} = nyz(v-c_h+r_h) + (1-n)yz(v-c_h-r_l) + n(1-y)z(v-c_h+r_h) +$$
$$ny(1-z)(v-c_h+r_h) + (1-n)(1-y)z(v-c_h-r_l) + (1-n)y(1-z)$$
$$(v-c_h-r_l) + n(1-y)(1-z)(v-c_h+r_h) + (1-n)(1-y)(1-z)$$
$$(v-c_h-r_l) = v-c_h-r_l+n(r_h+r_l) \tag{5-1}$$

乳制品供应者选择"提供低质量乳制品"的期望收益为 E_{e2}，其中：

$$E_{e2}=nyz(-c_l-c_r-f)+(1-n)yz(-c_l-c_r-f)+n(1-y)z(-c_l-c_r-f)+$$
$$ny(1-z)(-c_l-c_r-f)+(1-n)(1-y)z(-c_l-c_r-f)+n(1-y)(1-z)$$
$$(v-c_l-c_r+r_h)+(1-n)y(1-z)(-c_l-c_r-f)+(1-n)(1-y)$$
$$(1-z)(v-c_l-c_r-r_l)=(1-y)(1-z)(nr_h+nr_l-r_l) \tag{5-2}$$

设乳制品供应者的平均期望收益为 $\overline{Ee}$。可知：$\overline{Ee}=xE_{e1}+(1-x)E_{e2}$。由此可以得出乳制品供应者选择"提供高质量乳制品"策略概率的复制动态方程为：

$$F(x)=\frac{dx}{dt}=x(E_{e1}-\overline{Ee})=x(1-x)[(v-c_h-r_l+n(r_h+r_l)-(1-y)(1-z)(nr_h+nr_l-r_l)] \tag{5-3}$$

对乳制品供应者选择"提供高质量乳制品"策略的复制动态方程 $F(x)$ 求偏导可得：

$$\frac{d[F(x)]}{dx}=(1-2x)[(v-c_h-r_l+n(r_h+r_l)-(1-y)(1-z)(nr_h+nr_l-r_l)] \tag{5-4}$$

可知若 $n=\dfrac{v-c_h-r_l+(1-y)(1-z)r_l}{[(1-y)(1-z)-1](r_l+r_h)}$，则所有水平均处于稳定状态，若 $n>\dfrac{v-c_h-r_l+(1-y)(1-z)r_l}{[(1-y)(1-z)-1](r_l+r_h)}$，则 $x^*=1$ 为演化稳定策略；若 $n<\dfrac{v-c_h-r_l+(1-y)(1-z)r_l}{[(1-y)(1-z)-1](r_l+r_h)}$，则 $x^*=0$ 为演化稳定策略。

基于上述的动态方程可以得到以下命题：

命题1：乳制品供应者的期望收益，会随着消费者满意概率的提升而增加。

证明：由上可知乳制品供应者的平均期望收益 $\overline{Ee}=xE_{e1}+(1-x)E_{e2}$，其中 $E_{e1}=v-c_h-r_l+n(r_h-r_l)$，$E_{e2}=(1-y)(1-z)(nr_h+nr_l-r_l)$，综上可以得出：

$$\overline{Ee}=n(r_h+r_l)[x+(1-x)(1-y)(1-z)]+x(v-c_h-r_l)-(1-x)(1-y)(1-z)r_l \tag{5-5}$$

此时可以看出乳制品供应者的期望收益 $\overline{Ee}$ 随着消费者满意的概率 n 的

提升而增加。反之则减少。且n的系数为$[x+(1-x)(1-y)(1-z)](r_h+r_l)$，主要受变量$x$的影响，即供应者提供高质量乳制品的概率越大，这种影响效果越显著。

命题 2：乳制品供应者选择提供"高质量食品"的概率，会随着消费者选择"满意"策略、监管部门选择"严格监管"、第三方主体选择"高声誉"概率的增加而增加。

由乳制品供应者选择"提供高质量产品"策略概率的复制动态方程为$F(x)=\dfrac{dx}{dt}=x(E_{e1}-\overline{Ee})$的偏导数$\dfrac{d[F(x)]}{dx}=(1-2x)[(v-c_h-r_l+n(r_h+r_l)-(1-y)(1-z)(nr_h+nr_l-r_l)]$可得乳制品供应者提供高质量产品的概率$x$关于消费者满意的概率$n$的反应函数为：

$$x=\begin{cases} 0 & if\ n<\dfrac{v-c_h-r_l+(1-y)(1-z)r_l}{[(1-y)(1-z)-1](r_l+r_h)} \\[3mm] [0,1] & if\ n=\dfrac{v-c_h-r_l+(1-y)(1-z)r_l}{[(1-y)(1-z)-1](r_l+r_h)} \\[3mm] 1 & if\ n>\dfrac{v-c_h-r_l+(1-y)(1-z)r_l}{[(1-y)(1-z)-1](r_l+r_h)} \end{cases} \qquad (5-6)$$

当$n<\dfrac{v-c_h-r_l+(1-y)(1-z)r_l}{[(1-y)(1-z)-1](r_l+r_h)}$时，$x=0$为演化稳定策略，表明消费者反馈的满意度低于某一水平时，乳制品供应者会倾向于提供低质量的产品，同时向有关部门寻租，从而节约成本，谋求高额利润，此时乳制品供应者选择提供高质量产品策略的演化轨迹将趋于0。反之当消费者反馈的满意度高于某一水平时，乳制品提供者为了获得更高的收益会倾向于提供高质量的产品，此时乳制品供应者选择提供高质量产品策略的演化轨迹将趋于1。

同理可得乳制品供应者提供高质量产品的概率x关于监管部门y的反应函数，当$y<\dfrac{v-c_h-r_l+n(r_l+r_h)}{[n(r_l+r_h)-r_l](1-z)}$时，$x=0$为演化稳定策略，表明监管部门的监管程度低于某一水平时，在利益的驱动下，乳制品供应者发现了监管

漏洞，倾向于提供低质量产品，此时乳制品供应者选择提供高质量产品策略的演化轨迹将趋于0，反之则提供高质量产品，提供高质量产品策略演化轨迹将趋于1。第三方主体同理，当 $z < \dfrac{v-c_h-r_1+n(r_1+r_h)}{[n(r_1+r_h)-r_1](1-y)}$ 时，$x=0$ 为演化稳定策略，表明第三方主体报道情况低于某一水平时，乳制品供应者会采用寻租的方式，以节约成本谋求最大利益，从而倾向于提供低质量产品，此时乳制品供应者选择提供高质量产品策略的演化轨迹将趋于0，若第三方主体获得高声誉，迫于舆论压力乳制品供应者会选择提供高质量产品，提供高质量产品策略演化轨迹将趋于1。

综上可知，乳制品供应者为了增加销售收益，应该提高消费者对于产品的满意度，消费者满意度与企业的销售收益有着密切的联系，且供应者应该提供高质量乳制品，因为提供高质量乳制品的概率越大，消费者满意度与企业的销售收益的正相关影响效果越显著。另外为了激励乳制品供应者提供高质量产品，需要加强引导消费者反馈机制，消费者的反馈对于乳制品厂商来说至关重要。另一方面强化政府部门的监管力度，同时第三方主体要做到正向报道，双方加强交流合作，才能严格把控乳制品质量安全。

5.2 博弈模型仿真实证分析

5.2.1 参数变量的赋值

通过对北京市932个消费者购买电商乳制品的满意度的调查问卷得出有效数据925份，结果如表22所示，计算得出目前消费者对电商乳制品的满意概率为68%（3.4分，满分5分），消费者满意的情况下反馈的价值感知 r_h 为5.25元/件，消费者不满意的情况下反馈的价值感知 r_l 为4.5元/件。

表 22　购买电商乳制品整体满意度及参考因素

项目	分类	频次/次	占比/%		
购买电商乳制品满意度	非常不满意（1分）	46	4.97		
	不满意（2分）	62	6.70		
	一般（3分）	322	34.81	平均值	3.433 5
	满意（4分）	411	44.43	中位数	4.000 0
	非常满意（5分）	84	9.08	标准差	3.307 5
参考好评率购买	特别重要（4分）	538	58.16		
	重要（3分）	350	37.84	平均值	3.532
	一般（2分）	28	3.03	中位数	4.000 0
	不重要（1分）	9	0.97	标准差	3.043 0
参考差评率不购买	特别重要（4分）	270	29.19		
	重要（3分）	538	58.16	平均值	3.146 3
	一般（2分）	98	10.59	中位数	3.000 0
	不重要（1分）	19	2.05	标准差	2.582 8

数据来源：作者计算并汇总。

　　假设：①甲企业为一家北京乳制品供应商，销售乳制品产品，其中 A 为高质量乳制品，B 为低质量乳制品。②根据北京市奶业协会数据，高端奶的基本成本为 3~4 元，低端奶的成本为 0.8 元左右，即 c_l 为 1 元/件，c_h 为 3.5 元/件。③据北京市市场监督管理局的调查报告显示，2019—2021 年对乳制品质量监管 36 次，批次范围在 1~157，取批次大于 40 次为严格监管，计算得出 y=72%。④在微博、贴吧、今日头条等网站上搜索"北京市""乳制品""质量安全"等关键词，共出现了 381 篇报告，其中高声誉的报告 216 篇，即协会、科研机构及媒体等的第三方主体高声誉的概率 z=57%。⑤甲企业收益 v 为 6 元/件，愿意付出的 c_r 为 1.5 元/件，若甲企业销售低质量乳制品被政府监管部门发现，受到的惩罚额 f 为 20 元/件（根据《北京市食品行政处罚裁量基准》，处罚金额在食品成本的 10~20 倍，以中位数 10 为基准）。数据来源具体如表 23 所示。

表 23　参数变量数据来源

参数变量	数据取值	数据来源
满意 n	68%	调查问卷计算得出
严格监管 y	72%	根据当年北京市市场监督管理局公布的报告中乳制品抽检率计算
高声誉 z	57%	根据微博、贴吧、今日头条等网站中正面评价占全部相关报道的比值估算
罚款 f	20	参考《北京市食品行政处罚裁量基准》
收益 v	6	根据北京市奶牛团队市场价格抽样调查数据，计算得出北京市乳制品售价均值
寻租成本 c_r	1.25	根据 c_h 与 c_l 的差值取平均数
价值感知 r_h	5.25	调查问卷计算得出溢价
价值感知 r_l	4.5	调查问卷计算得出溢价

数据来源：作者根据行业资料整理。

5.2.2 仿真结果实证分析

根据上述参数变量的设定以及公式（5-6），利用 Matlab 7.0 对消费者反馈机制下的乳制品供应商、政府监管部门和第三方主体的动态演化稳定策略进行仿真分析，演化博弈将动态演化过程与博弈理论分析结合起来，强调的是一种动态的均衡[1]，引入参数变量 t（博弈次数）的仿真结果如图 51 到图 53所示。

（1）供应商的行为选择

从图 51 可以看出，当 $n > \dfrac{v-c_h-r_1+(1-y)(1-z)r_1}{[(1-y)(1-z)-1](r_1+r_h)}$ 时，即消费者满意度高于17%时，政府监管部门和第三方主体的选择策略不变，乳制品供应企业最初选择"提供高质量乳制品"的概率 x 分别为0.2、0.4、0.6、0.8，随着时间 t 的演进 x 最终都将稳定于1，即乳制品供应企业最终都会倾向于提供高质量乳制品，在 $t=2$ 时，曲线出现交点，即经过两轮动态博弈之后四方达到

---

① Osborne M J, Rubinstein A. 1994, A Course in Game Theory[M]. Cambridge and London：The MIT Press，1974.

均衡状态。

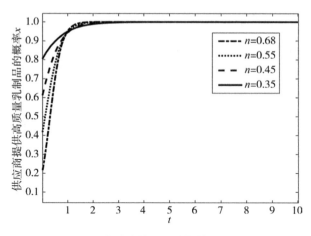

图51　供应商的行为选择策略（一）

从图52可以看出，当$n < \dfrac{v - c_h - r_1 + (1-y)(1-z)r_1}{[(1-y)(1-z) - 1](r_1 + r_h)}$时，即消费者满意度低于17%时，政府监管部门和第三方主体的选择策略不变的情况下，乳制品供应企业最初选择"提供高质量乳制品"策略的概率分别为0.2、0.4、0.6、0.8，随着时间t的演进x最终都将稳定于0，即供应企业最终都会倾向于提供低质量乳制品，在$t=4$时，曲线出现交点，即经过两轮动态博弈之后四方达到均衡状态。

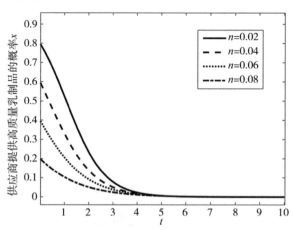

图52　供应商的行为选择策略（二）

综上所述，在政府监管部门和第三方主体的选择策略不变的情况下，消费者满意度的高低会直接影响到乳制品供应者的决策行为，根据调查问卷数据可知当前北京市电商乳制品的满意度为68%，大于17%，因此北京市乳制品供应商会倾向于提供高质量乳制品。

（2）供应商的平均期望收益

由公式（5-5）可得乳制品供应者的期望收益平均 $\overline{Ee}$ 与消费者满意的概率 n 的关系图，结果如图53所示，可以看出乳制品供应者的期望收益 $\overline{Ee}$ 随着消费者满意的概率的增加而提升，在四组数据对比下可知供应者选择提供高质量乳制品的概率越高，直线越倾斜，即影响效应越显著。因此乳制品供应者为了获得更高的收益，一方面应该提供高质量乳制品，另一方面应该使消费者的满意度提升。

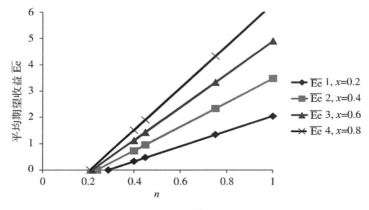

图 53　平均期望收益$\overline{Ee}$与n的函数关系

5.3 小结

本部分针对优化北京市电商乳制品安全监管体系，构建了消费者、乳制品企业、政府监管部门以及第三方主体之间的四方演化博弈模型，结合消费者反馈机制下的行为策略，对乳制品企业选择策略的影响机制进行探索，并通过动态仿真分析得出如下结论：（1）乳制品企业供给的乳制品质量选择策略与消费者反馈、政府监管部门的监管、第三方主体曝光真实性具有直接影响，当消费者反馈的满意度高于17%，乳制品供应企业会倾向于提供高质量产品，当消费者反馈的满意度低于17%，乳制品供应企业会倾向于提供低质量产品；（2）消费者的反馈直接影响到乳制品供应企业的收益，消费者满意度越高，乳制品供应企业的收益越高，呈正相关关系，且这种影响关系随着乳制品供应企业选择提供高质量乳制品的概率的增加而更显著。综上所述，构建以消费者反馈为基础的多元协同监管机制，从理论上可以实现消费者满意度提升、乳制品企业收益提高的目标，此外，消费者反馈与第三方监督主体的有效开展，可以促进乳制品企业提高产品质量，进而形成监管链的内生性优化和根本性动力。

第6章

北京电商乳制品安全协同监管路径
与经验借鉴

监管方式是实现监管目标的工具，而监管路径与监管方式的绩效密切相关，所以监管路径一直是食品安全领域的热点问题。当传统的命令控制式监管受信息不对称、认知缺陷等因素掣肘，而无法实现其目标被诟病后（崔卓兰、宋慧宇，2010[①]；倪永品，2017[②]），采用多元化监管方式治理食品安全成为必然的路径选择。其中，社会共治模式由于其监管者与监管对象的合作关系（陈彦丽，2014[③]），使得企业愿意建立自我监督机制，从而规避被动的政府监督可能产生的高成本（Coglianese and Kagan，2007[④]），且可以发挥社会监督作用，强化公民责任意识，培育理性的社会力量（刘飞、孙中伟，2015[⑤]），成为最具有研究价值和选择倾向的食品安全监管思路。此外，针对社会共治的监管体系的实现路径，主要基于多元主体间关联的协同监管（张峻豪，2014[⑥]；崔焕金 等，2013[⑦]），拓宽关联主体进入监管体系的路径，由政府主导的一元单向分段管理向多元网络协同共治转变（李静，2015[⑧]；谢康 等，2017[⑨]）。

电商食品消费市场本身基于社交化的演进特征而建立发展，使得消费者既是市场信息共享的受益者，又是市场信息的创造主体，既是电商食品安全监管的绩效结果，同时也是监管过程的参与者，是电商食品安全协同治理监

---

① 崔卓兰，宋慧宇.论我国食品安全监管方式的多元化[J].华南师范大学学报（社会科学版），2010（3）：17-22.

② 倪永品.食品安全、政策工具和政策缝隙[J].浙江社会科学，2017（2）：66-74.

③ 陈彦丽.食品安全社会共治机制研究[J].学术交流，2014（9）：122-126.

④ Coglianese C，Kagan R A. Regulation and regulatory processes[M]. Aldershot: Ashgate, 2007.

⑤ 刘飞，孙中伟.食品安全社会共治：何以可能与何以可为[J].江海学刊，2015（3）：227-233.

⑥ 张峻豪.我国食品安全监管及其模式变迁：一个产权理论的分析框架[J].宏观质量研究，2014（1）.

⑦ 崔焕金，等.食品安全治理的制度、模式与效率：一个分析框架[J].改革，2013（2）.

⑧ 李静.从"一元单向分段"到"多元网络协同"：中国食品安全监管机制的完善路径[J].北京理工大学学报，2015（4）.

⑨ 谢康，等.媒体参与食品安全社会共治的条件与策略[J].管理评论，2017（5）.

管体系的重要关联主体。此外，行业协会、科研机构及媒体等第三方机构在网络信息化浪潮下，对电商平台信誉、乳制品企业声誉、产品美誉度等的维护和提升，都起到了重要的舆论引导作用。所以，北京市电商乳制品安全监管体系的路径实现，就是要整合政府、消费者、行业协会、科研机构及媒体等多方监督主体的协同监管职能，通过分解监管责任，充分分享供应链信息，达到协同共治、信息共享、全程追溯的监管目标。

6.1 协同治理的电商乳制品安全监管的路径

6.1.1 安全监管体系的完善

为形成多元主体参与的协同共治机制，进一步完善北京电商乳制品安全监管体系，本研究基于前文研究结论，构建了"5-3-3"体系优化方案（如图54所示），具体如下。

（1）完善监管体系的五大步骤

第一，明确监管目标，以监督促发展、管理促提升，以实现多元关联主体参与协同共治为手段，以充分的生产过程信息、市场交易信息、物流信息、消费反馈信息共享为基础，以供应链全程可追溯的品质安全监管过程为保障，追求乳制品企业扩大销售、电商平台优化服务、消费者提升消费需求与满意度、乳制品产业链优化结构等多元绩效目标。

第二，树立监管原则，以监管有界性、平衡性的公共池塘治理为原则，通过多元关联主体的协同互动，解决电商乳制品安全监管的制度供给、可信承诺和相互监督难题，通过各方关联主体清晰的边界界定，集体选择的安排与冲突解决机制，有效监督与分级制裁等，实现监管体系的自主组织与自主治理。

第三，构建监管方案，以"互联网+"监管信息大数据平台为中枢，以乳制品电商信息追溯体系为支撑，以电商平台消费者反馈为优化调节机制，形成电商乳制品安全协同监管体系的三大管理方案，并基于上述方案打开多元关联主体介入监管体系的接口，并扩大多元主体在监管中的作用。

第四，评价监管绩效，基于消费者反馈机制构建的多元协同监管体系，其最根本和直接的绩效指标就是消费者的满意度，此外，结合第三方主体的综合评价，以及乳制品产业国内外电商平台消费市场的规模与效益，形成全方位的监管绩效评价。

第五，持续监管优化，伴随电商领域技术与市场结构的不断发展，结合监管绩效的评价结果，对电商乳制品安全协同监管体系进行动态优化，对监管节点、监管手段、监管路径和绩效评价进行持续的完善与改进。

（2）优化监管体系的三个节点

基于电商乳制品供应链，采用事前、事中、事后三节点监管相统筹方式建立监管体系。事前节点主要涉及乳制品加工企业的生产环节，包括生产流程监管、生产环境监控与生产管理监督三个方面。在构建电商乳制品全供应链的安全监管体系时，应要求企业将生产环节的重点数据进行上报，形成监管数据底账。事中环节主要涉及电商平台的销售服务与货物流通环节，包括电商订单交易、仓储管理、物流配送等三个环节的安全监管，这部分监管要通过电商平台的订单、物流信息与三大管理方案相对接，打通信息通道，实现全链信息化管理，另外要加强对电商物流环节的市场监督管理检查工作。此外，由于协同监管体系的合作共治机制，电商平台通过主动监管、主动申报实现主动参与监管和自主监管的目标。事后环节主要涉及消费者反馈机制的发挥，基于消费者的直接反馈与第三方主体的协同反馈与信息共振效应，以政府管理部门市场信息公开为基础，以电商平台内部的自主投诉处理与管理部门的外部强制处理为手段，形成电商乳制品安全质量的保障与提升路径。

（3）提升监管体系的三个层次

根据电商乳制品安全协同监管体系多元参与主体涉及的监管环节与承担

的监管责任进行层次划分，可以将监管体系进一步分为控制层、网络层、评价层三个层面。

首先是控制层，构建事前、事中和事后的监管节点安排，统筹多元监管的参与机制与分段监管的职责，形成监管信息共享、协同共治的监管机制，完成监督规则与公共产品的供给任务。该层参与的主体是政府相关食品安全与电商网络监管部门，具体包括市场监督管理局、发改委、网信办等。

其次是网络层，从生产加工过程、储存运输过程、交易配送过程及消费反馈等不同节点进行监管方案设计，通过构建"互联网＋"大数据平台处理海量乳制品监管信息，实现乳制品质量安全生产要素实时监控、智慧监督管理，为乳制品企业质量安全和政府监督管理提供实时的智能应用与服务，促进企业和各级政府监管部门之间的互联互通和监管监控。该层参与的主体是乳制品企业、电商平台、政府相关监管部门（同"控制层"）、消费者。

最后是评价层，通过建立乳制品电商信息追溯体系与协同治理信息反馈机制，实现生产环节、电商环节、物流环节、消费环节的信息网络构建，并接入第三方主体，包括行业协会、媒体及科研机构，与消费者的反馈集合，形成对电商乳制品安全质量监管绩效的综合评价与全面反馈，从而进一步推动该监管体系的优化，促进我国乳制品产业、电商行业的健康发展，最终保障和提升我国乳制品消费者的权益与消费品质。

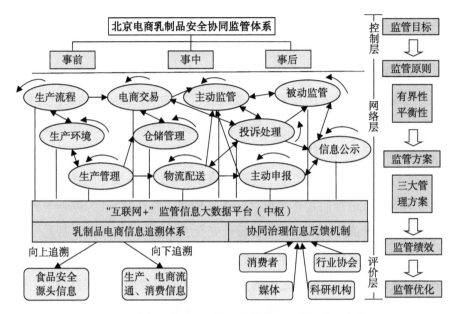

图54 北京电商乳制品协同监管体系网络结构示意图

6.1.2 安全监管的实施方案

基于上述协同治理下的北京乳制品电商监管体系，构建乳制品电商食品安全监管实施方案，包括"互联网+"监管信息大数据平台、乳制品电商信息溯源体系、协同治理信息反馈机制三大管理方案。

（1）"互联网+"监管信息大数据平台

"互联网+"监管信息大数据平台应由政府相关市场监督管理部门牵头搭建，居于监管体系的中枢地位，为乳制品电商食品安全信息的共治、共享奠定治理框架和基础（如图55所示）。该大数据平台将移动互联网、物联网、云计算技术等信息技术应用到监督管理业务中，通过乳制品企业、电商平台的订单交易、仓储物流及配送、消费者市场反馈数据的信息对接、统一管理以及海量信息的智能化处理，实现电商乳制品全供应链的信息监管。同时，该平台与乳制品电商信息追溯体系和协同治理信息反馈机制相连接，沿供应链向上追溯奶源及生产加工信息，向下可根据协同反馈信息对乳制品企业、电商平台及物流体系等进行业务规范、政策制定以及违规惩处等管理工作。该平台的搭建与运营，要实现以乳制品终端销售产品为载体的乳制品企业生产、电商平台订单、自营或第三方物流配送、消费者订单反馈与售后处理等全流程的信息汇总与统筹分析，这就需要政府部门出面要求相关单位打通信息接口，实现信息的全面采集与对接。并且，由政府监管部门成立交易信息监管部门，对整个属于食品工业领域的电商食品进行大数据管理，通过控制消费端的反馈信息数据，制定管理规范与处罚措施，实现整个监管工作的信息化改革，并结合市场抽检，完善电商食品的安全质量监管体系的运行。

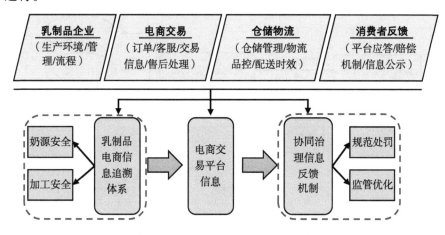

图55　北京电商乳制品"互联网+"监管信息大数据平台框架图

（2）乳制品电商信息溯源体系

信息追溯体系主要从向上追溯、向下追溯两个层面展开（如图56所示）。向上追溯指乳制品安全源头信息可追溯，一是通过完善和改进牧场管理系统，升级自动化的牧场追溯管理设备，实现奶牛养殖、奶牛育种、牛场环境、饲料投料、挤奶信息采集、生奶检验、指标预警等日常管理支持和追溯信息管理；二是建设奶源追溯信息管理系统，对奶缸、奶车、奶罐进行二维码赋码，以此在收奶过程中通过扫码方式进行牧场端数据传递，实现"牧场→工厂"数据可追溯。对本批次原料奶加工生产的乳制品继续追溯完善处理加工信息和入库、出库信息，并将信息与产品绑定。向下追溯指电商流通、消费信息可追溯。通过充分利用信息化、自动化、智能化技术，全面梳理仓储管理和物流配送的业务流程，将产品追溯和仓储物流作业相结合，在电商仓储、物流、配送环节中持续形成信息要素，直至消费者对购买的乳制品进行消费反馈。如果遇到需要进行售后处理的，还应当进一步补充如退换货、赔偿等信息，这部分信息中要明确造成售后问题的原因，从而可通过逆链追溯定位问题的可能来源，从而从源头加强安全监管。通过这两个层面进一步提高工作效率和完善运行管理，实现乳制品从生产、检验、电商物流、消费、食用等环节的全流程信息追溯。

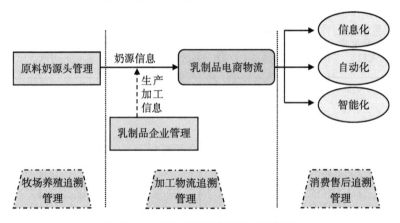

图 56　北京乳制品电商信息溯源体系

（3）协同治理信息反馈机制

该机制主要基于整合消费者、行业协会、科研机构及媒体等社会力量，消费者作为国家乳制品最广泛的检验师，消费者的反馈对乳制品质量监管至关重要，也是基础的反馈来源。同时，行业协会、科研机构及媒体作为第三方监督主体，在协同监管体系中分别具有行业自我监督与自律规范、顶层政策设计与品质检测技术支撑、曝光食品安全问题与美化宣传有助企业及产品形成声誉等作用。第三方主体功能的发挥，不仅能对政府监管行为产生补充作用，对乳制品供应企业产生良好的监督威慑作用，还能与消费者反馈信息进行融合、共振，尤其是媒体功能，可以进一步放大消费者对产品的正面与负面的反馈，从而进一步加强消费者反馈机制的作用，有利于形成电商乳制品安全监管的信息共享、责任共担、协同共治的体系特征（如图57所示）。此外，协同治理信息反馈机制的运行与规范还有赖于政府的资源统筹与政策引导，尤其是政府要对消费者、第三方监管主体开放部分"互联网+"监管信息大数据平台的信息端口，并集合这两方监督力量的反馈信息，形成监管信息网络。另外，政府相关食品安全监管部门还要倡导消费者、行业协会、科研机构及媒体充分认识到自身对于乳制品质量监管的义务，加强对乳制品电商食品安全信息的加工和解构，缩小不同主体之间的信息鸿沟。

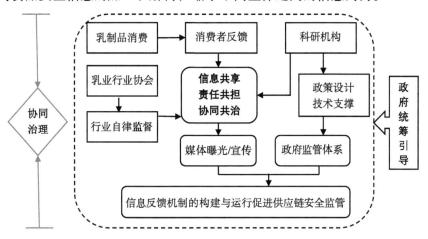

图57 协同治理信息反馈机制运行框架

综上所述，协同治理的北京电商乳制品安全监管机制运行的路径要基于三大管理方案的搭建，结合四方关联主体，通过全供应链的信息共享与协同共治，实现安全监管体系的优化与监管绩效的提升。

6.2 国外电商乳制品安全监管的经验借鉴

6.2.1 美国关于食品电商的法制及监管经验

美国被普遍认为是食品安全性最高的国家之一。美国制定的食品安全监管机制在国家食品安全管理方面发挥着重要作用。美国已经开始大力推广电子商务，并且已经开始在网上销售食品。为了确保食品的安全，美国已经采取了一些有效的措施。这些措施包括建立一个全新的网络市场监控系统，并通过相关法律法规来确保消费者的权益，而且举措已经取得了显著的成效。其监管体系如图58所示。

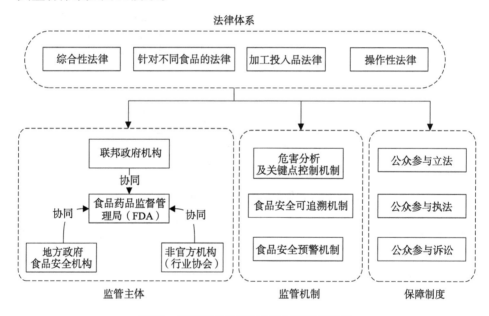

图58 美国电商食品安全法制及监管体系

（1）覆盖多种类全过程的法律体系

美国联邦政府颁布了一系列网购食品安全法律法规，可分为四大类别。第一类是综合性法律，如《纯净食品和药品法》（PFDA）和《FDA食品安全现代化法》（FSMA）等。这些法律为食品安全监管提供了明确的框架，规定了内容、程序和职权，是其他法规和监管措施的基石和依据。第二类是针对不同食品类别的专项法律，如《蛋类产品检验法》（EPIA）和《鲜活农产品法》（PACA）等。政府对所有类型的食品进行严格的监管，从原料的采购到成品的出厂，再到最终的销售，每一个步骤都有严格的监管，以保障消费者的权益。第三类是关于食品生产和加工投入品的法律，如《食品质量保护法》（FQPA）等。这些法规限定了使用杀菌剂、食品添加剂、色素等各类投入品的要求和程序，确保食品在整个生产销售过程中的安全性。第四类是操作性法律法规，如《正确包装与标签法》（EPLA）和《营养标识与教育法》（NLEA）等，明确了食品加工、运输和风险控制等操作程序和要求。这些广泛而全面的法律法规确保了网购食品安全覆盖各个层面，涵盖了所有食品类别以及与其相关的生产、加工、包装、运输和销售等环节。

（2）多方协同的监管主体

在电商行业的整体监管方面，美国采用导则和纲要来引导和规范行业，以实现适度引导和规范化管理的目标。美国一直倾向于行业自律，政府尽量减少干预的程度。例如，美国商业服务部和商务国际贸易局联合发布的《电子商务：国际销售商业指南》，其核心是提倡电商行业平台自我约束，强调电商行业发展不应过度依赖法律规范。由此可见，美国对电子商务行业的监管相对宽松，注重行业引导，避免过度的法规限制对行业创新力的束缚。

美国食品药品监督管理局（FDA）是食品电商监管的主要负责主体，联邦政府的多个机构也都负责监管食品电商。作为美国食品安全监管的最高权威机构，FDA负责制定、执行、监督所有食品标准，其中包括肉类、禽类和蛋类。美国政府采取了多层次的监管体系，包括联邦和地方政府的食品安全机构。在网络市场监管方面，美国政府采取了官方和非官方机构合作的方式，共同治理食品安全问题。美国的联盟通信理事会、商业部、全国电信和消息管理机构等部门对于维护网上食物的安全起到至关重要的作用，它们既拥有有效的法律约束，也赋予各个相关行业的自律责任，从而有效地维护和促进网上食品的正常流通。美国的互联网市场是一个重要的商业环境，其中的非官方机构通常会向商家提供信息，同时也会向他们的客户推荐商业信息。这些组织不仅能够帮助商家更好地运作，而且还能够帮助政府更好地控制互联网市场，保障公众的健康。

（3）把预防放在首位的监管机制

2011年，美国签署了《食品安全现代化法》（FSMA），这是一项旨在保障公众食品健康的重要法律。与传统的食品安全法律不同，FSMA强调建立一个完善的食品监管机制，加强联邦政府和各州政府部门之间的协作，以便更好地监督和管理食品安全，及时发现和处理食品安全问题，而不仅仅局限于事件发生后的应对措施。FSMA的最大特点是，它将食品安全的预防作为监管的核心，从食品的原料到成品，从生产到销售，从市场交易到物流运输，再到消费者维权，都有责任采取有效措施，确保食品的安全。美国政府采取了一系列措施来加强对食品供应链的监管，包括制定严格的法律法规，以确保食品安全，并建立第一道防线。

目前，美国主要推行以下食品安全监管机制：首先是危害分析及关键点控制（HACCP）机制。《食品现行良好操作规范、危害分析及基于风险的预防控制》明确规定，所有在美国销售的食品必须满足危害分析及关键点控制的要求。该机制旨在识别和评估食品在生产和流通过程中可能存在的质量安全风险，确定可能导致食品安全问题的关键环节和步骤，并制定有效的风险防控方案，以预防和避免食品安全问题的发生。其次是食品安全可追溯机制。该机制以标识码为核心，根据食品种类的不同选择不同的标识技术，并结合电子编码系统，确保食品生产、加工、运输和销售环节的信息可追溯。最后是食品安全预警机制。美国建立了一种分工式的食品安全预警机制，其中FDA设立了危机管理办事处（OCM），FSIS制定了"食品防御计划"，双方各司其职、相互协作，以巩固食品安全的防护工作。

（4）社会共治的保障制度

最后是在确保食品安全的前提下，建立了社会共治的保障制度。该制度旨在实现公众参与食品安全监管的目标，采取全面的措施，加强对食品安全的监管，建立健全有效的监管机制，并鼓励全民参与，加强对违反食品安全规范的行为的监督，确保食品安全。在实施监管的过程中，发挥全民的智慧，增强全民的责任感，加强对违反食品安全规范的个案审判，严厉惩治违反食品安全规范的行为。加大对社会公众参与食品安全监督的关注，并且大力支持其就此问题提出意见，以期达到更好的共识。这些举措共同构建了一个社会共治的机制，确保食品安全得到全面保障。

6.2.2 欧洲关于食品电商的法制及监管经验

欧盟致力于构建相应的监管框架。首先，欧盟设立了专门的风险评估机构，用以评估和应对食品安全风险。欧盟采取了一系列措施来加强对食品安全的监管，包括制定严格的法律法规，建立完善的食品追溯体系，以确保食品的生产、销售、使用等各个环节都得到有效的监督。欧盟在食品安全监管方面积累了丰富的经验，并被世界各国纷纷借鉴。近年来，欧盟采取了一系列措施来加强对网购食品的监管，以确保消费者网购食品的安全。这些措施包括建立严格的食品安全检测机制，并对不同行业的生产经营主体和产品种类实施严格的食品认证，以确保消费者网购食品的安全。其监管机制如图59所示。

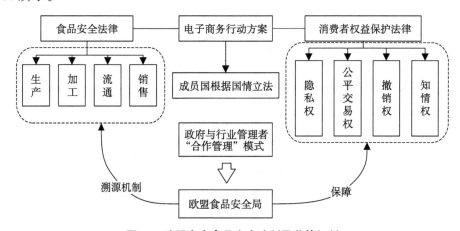

图59　欧盟电商食品安全法制及监管机制

（1）系统、完善的食品安全监管法律体系

在食品安全监管领域，欧盟致力于建立一个全面而系统的法律框架，以确保食品生产和流通的各个环节都能依据可靠的法规进行监管。为此，欧盟已经通过了超过20项食品安全相关法律，这些法律涵盖了广泛的领域，构建起一个完善的体系。这一法律体系为传统食品交易提供了坚实的基础，无论是在食品生产还是流通环节，都能为食品安全提供可靠的法律依据和保障。随着电子商务的迅速崛起，网络市场的食品交易在欧盟各成员国的经济中占据着重要的市场份额。这引起了欧盟成员国的高度关注，并激发了对网络经济的健康发展的积极立法行动，特别是在网购食品市场方面。然而，近年来，以电子商务立法为主导的传统食品安全法规在规范网络食品交易方面的效果并不尽如人意。因此，欧盟采取了一系列举措来加强对网络经营主体的全面监管，以实现对欧洲电子商务市场的统一规范管理。欧盟先后颁布了多项法律解释和指导性文件，旨在为全面统一规范管理网络食品交易市场提供支持。其中，1997年，《欧洲电子商务行动方案》成为推动电子商务发展的里程碑。欧盟各成员国结合该方案，并根据本国国情，同步进行食品安全立法，使得欧盟各国都已经建立并逐步形成了规范的网购食品安全法律体系。

除了食品安全监管，欧盟也十分重视保护网络消费者的权益。为此，欧盟出台了一系列完善而严格的法律法规来应对网络消费领域的问题。《欧洲数据保护指令》和《互联网个人隐私保护通用原则》等法律法规，为电商提供了全面的安全措施，包括但不限于：严格的监管机制，加强对商品的安全防范，维护消费者的权益，并且明确规定了平等的贸易条款，包括撤销权、知情权。欧盟为维护消费者的权益，强调企业应当及时、完整地披露相关产品或服务的详细信息，以便消费者能够更加放心地参与到网络购物中来。此外，根据《电子商务指令》的规定，运营商必须以书面形式或消费者能够理解的方式向消费者提供所有必要的信息，以保障消费者的知情权。这些法律法规的制定和实施旨在保护网络消费者的权益，确保他们在电子商务交易中能够享有公平、透明和安全的权益。

（2）政府与行业管理者"合作管理"模式

为了营造一个有利于网络经济市场发展的宽松环境，欧盟国家采用了一种创新的管理模式，即政府与行业管理者之间的合作管理。这种管理模式旨在取代传统的国家立法，而且可以通过建立行业协会来实施内部规范，同时鼓励消费者参与其中，以有效地监督网络经营行为和经营者，从而构建一个综合的监督体系，确保消费者的食品安全权益得到充分保障。

作为欧盟成员国之一，德国积极贯彻欧盟在网络食品安全方面的规定，并根据本国的食品安全管理现状进行了创新的监管模式。为了更好地保障消费者的权益，德国政府已经采取了创新的监管措施。2013年，德国政府成立了特别的政府监管机构，并建立了安全预警系统，以确保消费者的权益得到有效保障。如果德国的监管机构发现有消费者举报或投诉，他们会立刻采取措施，要求相关企业停止运营。德国还采取了一种新的方法，即允许商家在网上注册，并对其进行精确定位，以便对网络食品经营者实施有效的监管。德国利用尖端的科学技术和严格的法律制度，为网络食品安全提供了强大的保障。这种创新的管理模式不仅推动了欧盟国家网络经济市场的发展，还保障了消费者的食品安全权益。通过政府与行业管理者的合作，以及消费者的参与和监督，建立了一个全面监管的体系，确保网络食品的安全性和合规性。作为欧盟成员国之一，德国不断创新监管模式，结合先进的科技手段和健全的法律体系，提升网络食品监管的效能和水平，以全面保障消费者的食品安全权益。

（3）欧盟的食品溯源监管机制

欧盟的立法一直致力于提升其食品安全水平。1982年，欧盟颁布《食品标签、标识和宣传》，为消费者提供更加安全的选择，并且强调不得使用任何有害于人体的原料。这项政策的出台，为欧盟的食品安全提供了有力的支持。1990年颁布的《营养标签法规》旨在加强对食品行业的监管，严格禁止任何形式的涉及"健康"效果的营养或保健宣传，以确保消费者在购买和使用任何有害物质时都能获取安全的健康信息。2002年，欧盟通过了《EC178-2002通用食品法律》，该法律清晰界定了食品的法律定义，并提出了与食品溯源制度相关的问题。在此法律的指导下，对于食品的生产、加工、流通等环节都执行了严格的食品溯源制度和问题食品的召回制度。此法律也适用于食品的监管。另外，在2006年，欧盟公布了EC1924-2006《食品中营养和健康声明法规》，该法规从标签、广告等多个方面为欧盟成员国之间流通的食品以及为具有营养和健康声明功能的食品提供了法律协助，促进了这些食品在成员国之间的自由流通。

在监管方面，欧盟食品安全局采取严格的食品溯源制度来对食品进行监督和管理。为了保证食品安全，食品生产和销售公司应该精细化管理其所有的生产、销售和服务。为此，欧盟建立了一套完善的系统，用来收集和整理所有关于食物的信息，包括原材料、成分、包装、销售渠道和售后服务。这样，消费者就能够清楚、完整地获取所有有关食物的详细资料，并能够根据自己的喜爱和需求进行购买。通过建立此项制度，欧盟不仅能够确保消费者的知情权得到有效的尊重，而且能够有效地确保他们的合法权利得到有效的保护。此外，欧盟也强调，在进入市场的食物中，应当遵守相关的质量标准，不得有任何形式的不正当操作，否则，相关的责任人都会受到严格的处理。若企业检测到其产品可能出现质量和安全隐患，应当迅速实行召回，同时建立完善的追踪机制，确保消费者的权益得到有效保障。同时，食品企业还必须及时向监管部门报告情况。欧盟地区的监管部门采取了多项措施，包括建立企业诚信档案，对于违反法律规定或未能履行义务的企业，将被纳入"黑名单"，作为重点监管对象，以确保企业的合法权益得到有效保障。这些举措进一步确保了食品行业的规范运作和公众的安全。

（4）成员国根据国情立法

①英国（于2020年已脱欧）：积极主动的法律约束与监管。英国政府高度重视电商领域的监管，致力于通过立法规范来引导和约束电商主体行为。英国政府积极采取措施，制定和执行《消费者商品销售和供应法案》《商品

销售法案》，严格执行相关法律，加强对电子商务的监督，从而有效地防止和遏制非正常的贸易活动，为消费者提供更加安全、便捷的购物环境。此外，英国公平交易办公室作为主要监管机构，专门负责监督电子商务平台的交易行为，并对不当行为进行惩处。这充分展示了英国政府在电子商务行业的监管态度严谨，注重通过法律法规来规范和约束电商平台的经营行为。

②德国：结果导向的被动监管模式。德国采取了一种以结果为导向的被动式监管政策，以确保电子商务交易的安全性，并且通过加强市场内部的监管保障消费者的权益。相较于英国的主动监管方式，德国的监管机制更加注重对交易结果的关注与处理。《反不正当竞争法》第三条明确指出，任何企图以竞争为目的，通过虚假宣传、夸大其词、误导消费者，从而使消费者误解商品的真实性的行为，都是不可接受的。因此，《反不正当竞争法》第三条旨在阻止这种行为，以保护消费者的权益。该条款严谨而适用，相较于欧盟的规定，德国更加重视虚假宣传行为所产生的后果，而不仅仅关注商家对商品信息真实性的宣传。换言之，只要消费者对说明行为产生了曲解，无论是否造成实际损害，都是法律不允许的，相关部门可以采取措施制止这种行为。此外，根据《反不正当竞争法》第四条的规定，广告中的虚假宣传属于犯罪行为，即使在广告过程中让消费者误以为存在对其个人利益特殊的条件也不可以，对商品或服务信息进行虚假或误导性宣传者可能面临一年的监禁或罚款。虽然德国的惩戒措施与中国有所差异，但它们的执法机构仍然致力于维护消费者的合法权益。德国的法律体系重视客户的主观体验，因此，即使是被欺骗的消费者，政府机构仍然有责任采取有效措施，确保其合理地利用资源，维护其合法的利益。

6.2.3 亚洲国家关于电商的法制及监管经验

（1）日本：标准严格、立法完善

日本一直以来都对食品安全监管举措极为严厉。日本已经制定出一套严格而又完善的食物安全政策，这套政策由《食物安全基本法》《食物卫生法》

以及《乳及乳制品成分规格等相关省令》组成，为日本的食品安全提供了坚实的保障，为日本的消费者提供了可靠的保障，也为日本的经济发展提供了强有力的支撑。日本政府为了满足日益增长的互联网消费需求，不断完善相关的政策，包括对互联网食品的质量、卫生、营养、安全、风险控制、消费者权益的维护，同时，政府还对互联网食品的生产、加工、销售过程实施更为严苛的监督，从而建立起一套完善的食品安全标准，从根本上防止由于缺乏足够的监督措施造成的食品安全风险。

针对不同的网络经营模式，日本政府采取了差异化的准入标准。对于B2B和B2C模式的网络食品经营者来说，准入要求更加严格，需要进行类似工商登记的官方认证，获取经营许可，并经过有效评估以证明其具备从事网络食品经营的资质，才能被允许进入市场。而对于C2C模式的网络食品经营者，第三方平台必须进行严格的审核，确认其身份证件的有效性，只有确认无误后才允许其参与网络市场的食品经营活动。

日本政府已经采取行动来解决当前的食品安全挑战，并建立了一个由政府官方代表组成的专门机构——日本食物安全委员会。这个组织的作用是通过进行风险评估来确保日本的食品供给。2003年，由于当时的日本政府缺乏有效的监督和执法，这个组织的建立受到广泛关注。《食品安全基本法》为公众健康提供了强有力的保障，其内容包括建立一个完善的、专业的、科学的、有效的食品安全监管机制，由500位专业的食品安全监督员、7名专家、一个专门的调研小组参与执行。7名委员均为精挑细选的优秀人才，接受过严苛的选拔流程，最终被提名为政府的官方人士。他们的背景均为普通民众，但都接受了系统的专业培训，以便可以准确、及时地识别出食品中的潜在风险，满足公众的健康与安全要求。食品安全检查人员致力于收集有关在线销售的食品质量的数据，为了确保公众的健康，维护公众的权益，不断地将有效的数据传递给权威机构，以便及早发现、解决存在的食品质量问题，从而促进公众的健康意识的培养。食品安全委员会充分保障了日本消费者的合法权益，也为保障他们的健康做出了贡献。

（2）韩国：中央与地方有效联动构建监管网络

近年来，韩国针对食品安全问题进行了立法和监管机构的调整，以满足人们对安全食品的需求。随着网络市场食品交易的兴起，全球范围内的食品安全监管形势严峻，韩国也面临着相同的挑战。

为更好地维护消费者的权益，特别是针对网上销售的食品，1999年，韩国政府发布《电商基本法》，通过更严格的政策和更有力的措施，来保障消费者的权益，并有效地防止消费者在网上购物时遭受到不正当的欺诈行为。随后，该国出台《电商保护法》以及《电子签名法》，以加强对电商的监管。同时，为规范食品安全事务，韩国还成立了专门的地方机构。与美国类似，韩国通过完善立法和强化执法来全面推动对网络市场食品的监管，并要求地方机构定期向地方政府报告网络市场食品的监管情况。韩国通过中央和地方政府的协作建立了网络食品市场的监管体系，旨在确保公众的食品安全，并推动网络经济的发展。

韩国致力于推动电子商务的发展，并将消费者权益保护作为立法和修法的重要内容，与电子商务的蓬勃发展紧密相连。以《韩国电子商务法》为例，该法案第五章专门设立了保护消费者权益的条款，为确保消费者满意度制定了明确的规定。同时，为满足消费者的多样化需求，韩国还发布了《电子商务交易保护指南》，对互联网发展中的新问题提供了更加详尽和具体的规范。该指南详细说明了虚假评论的构成要素，包括误导性评价、刷销售量等行为。对于进行虚假宣传的违法者可进行最高一千万韩元的罚款。为确保网络环境的安全，韩国政府于2010年成立了信息安全司令部，并设立了违法有害信息举报中心，以实时监测并提供便捷的举报和投诉渠道，方便韩国网络用户维护自身权益。此外，韩国还引入了e-Trust认证，帮助消费者准确快速地判断电商平台所提供商品或服务是否存在不实的情况。该认证由专业人士根据商品或服务的种类进行评估和鉴定，有效地遏制了电商经济中不实宣传等问题的蔓延。韩国政府的积极努力为电子商务行业的发展提供了强有力的支持，同时也为消费者营造了安全、公正的在线购物环境。

6.3 国内电商乳制品安全监管的经验借鉴

随着我国互联网产业的发展，其与经济社会的联系日益紧密。互联网电子商务作为经济发展新业态，在产品展示、信息传播、交流分享等方面具有独特优势，为乳制品行业发展提供了新的销售方式和思路。物流体系建设作为电商行业发展的重要支撑，有利于电商企业提供服务、满足消费者需求。随着全国物流配送体系的建设完善，物流配送成本大幅降低，有效促进了电商行业的规模化发展。此外，在线支付尤其是移动支付技术的不断成熟也为电商行业的发展创造了良好条件。天津、上海、深圳作为电商企业重点布局的城市，通过研究这些城市的乳制品电商产业发展，可以为北京的乳制品电商发展提供良好的经验借鉴。

6.3.1 天津实施放心奶三标准的经验借鉴

天津市作为近代最早生产和消费乳制品的中心城市之一，现有乳制品生产企业12家，年产销乳制品30多亿元。多年来，天津市全力抓好乳业发展促进工作，地产乳制品安全和质量达到国内先进水平。由于坐拥海空两港，有着良好的交通区位条件，天津一直是电商企业重点布局的城市，近年天津跨境电商也在大跨步发展。京东全球购、天猫国际、网易考拉、唯品会、小红书、苏宁、亚马逊等行业巨头均已落户天津。一大批本地电商企业加速发展。天津的乳制品发展也在加快数字化转型。发展电商产业，天津有政策优势。

（1）严把乳制品质量关

发展乳制品电商产业，天津有质量优势。发展乳制品电商业务，首先要保证乳制品质量的安全供应。在这方面，天津市严格把控乳制品质量安全，从乳制品质量检测方面来看，天津市以乳制品产销链条为基础，公布了《示范奶牛场生产管理规范》《示范乳制品企业生产管理规范》《乳制品销售管理规范》三项地方标准。从奶源、生产企业、销售环节三部分展开，从奶畜养殖到乳制品销售全链条各环节做出规定，保障乳制品质量安全。

同时，为保障乳制品质量安全，实现乳制品质量全程可追溯，天津要求乳制品企业建立电子信息追溯系统。在乳制品生产方面，从奶源到销售终端全程监管，制定食品安全事故应急预案，通过电子信息追溯系统建立产品召回制度和应急事件处理机制，对不符合食品安全标准的产品及时召回。在产品召回过程中，要注意召回产品的方法、途径以及对召回产品的处理措施。此外，乳制品企业还应提供售后服务，通过设立售后服务组织，高效高质提供服务，解决消费者诉求（如图60所示）。

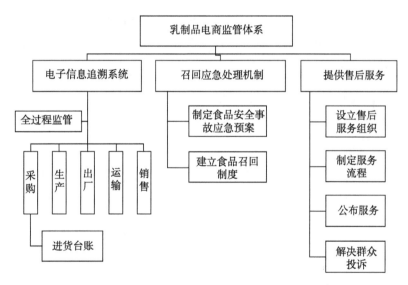

图60 天津乳制品电商质量监管体系

（2）规范奶牛养殖环节

发展乳制品电商行业，天津有管理优势。"好牛奶从源头抓起"，在奶牛养殖方面，为规范奶牛场饲养、生产管理，天津市颁布《示范奶牛场生产管理规范》（以下简称《规范》）。从奶牛场选址出发，到饲养环节的饲料投入、牛群管理以及挤奶环节的质量安全防控；从总体安全管理到人员管理、疫病防控，《规范》中均作出详细要求与规定。在奶牛场选址时，为满足奶牛场日常消耗需要，《规范》建议奶牛场选址周边应有玉米、苜蓿等种植基地，以为奶牛场提供丰富的精饲料资源。在疫病防控方面，《规范》从奶牛场饮用水、饲养动物以及粪便运输等角度提出建议。在乳制品销售方面，为规范化管理，天津市还出台了《乳制品销售管理规范》。对于乳制品经营者，《规范》从其经营资格出发，针对乳制品流转过程以及相关从业人员作出明确要求。在乳制品流转过程中，不仅要对购进货物进行查验，还要对存储以及销售环节进行管理记录。《规范》要求经营企业制定明确的进货检验记录标准、非达标产品的处置方法以及应急预案等。首先，乳制品经营者应按《规范》要求，建立乳制品进货查验制度，以确保乳制品来源、质量安全可靠。对于进口乳制品，可以查验商检部门出具的检验报告等证明文件；对于国产乳制品，不仅要查验供货者的经营许可证、营业执照等基础性文件，还应要求其提供批次质量检验合格报告等资料。其次，在乳制品批发流通中还需要建立台账，明确乳制品的流向，实现乳制品购进、销售可溯。通过设立进货台账，记录购进乳制品的名称、数量、生产批号等信息；通过设立销售台账，记录批发乳制品的品种、规格、数量等信息，做到乳制品来源、流向全程透明可查。最后，对于捆绑销售形式的乳制品，《规范》要求属于附赠的商品应粘贴"赠品"标识，同时确保该标识不得遮挡产品的生产日期以及保质期等关键信息。对于储存或者销售过程中发现的超过保质期或者存在变质现象的乳制品，应立即下架，统一处理。

（3）发挥电商乳制品发展优势

发展乳制品电商产业，天津有政策优势。天津搭建一体化服务平台，为乳制品生产商提供采购、集货拼箱等一站式跨境电商供应链+在线分销整体解决方案。促进企业生产和销售流程再造，打造面向终端消费者的柔性供应链，培育了一批基础好、有潜力的跨境电商企业。天津大力布局海外仓，全国首创跨境电商海外仓保险模式，首次运用中长期出口信用保险海外仓建设信贷保险支持，累计建设海外仓超过50个。加强跨境电商人才培育，推动成立政产学研一体化的跨境电商学院，推进产教融合发展，探索建立"校内实训+岗位见习+创业孵化"相结合的协同育人模式，与20余所高校合作开展跨境电商人才培养。此外通过搭建跨境电商综合服务平台、实施汇总申报、简化备案等方式进一步压缩企业通关时效，通过分类监管、便利退税等进一步优化业务流程，通过建设线下体验店、全球中心仓等进一步创新业务模式。天津市不断优化跨境电商产业生态，建设跨境电商示范园区，以园区为载体整合政务服务并导入物流、支付、金融、营销等跨境电商产业上下游相关的第三方服务资源，服务中小微企业一站式对接各种资源，园区建设一年来已累计引进跨境电商及相关企业200余家。天津积极推动跨境电商进口创新，发展保税展示、直播带货等新业态，不断丰富进口商品种类，成为辐射三北的最大跨境电商进口口岸。开展"产业带扶持计划"，推进传统企业线上转型超过2 000家。

　　发展乳制品电商产业，天津有企业优势。农业部奶及奶制品质量监督检验测试中心数据：2017年，天津生鲜乳质量抽检合格率100%，高于全国平均水平0.2个百分点；多数企业生乳菌落总数控制为国家标准的1/10；国家对牛奶体细胞数暂未有标准要求，天津乳品行业基本控制在不超过40万个/毫升，达到欧盟标准。同时，为确保市民饮用奶质量，天津市乳制品工业协会号召企业制定企业标准进行自我监督。天津海河乳业有限公司作为天津市乳制品质量代表性企业，具有严格的质量标准以及严谨的工作态度。海河乳业总经理刘继忠认为："乳业要提高产业素质，自找压力，提升质量，创新品种。"他指出现在行业的国标应是企业产品生产的底线，乳制品行业未来发展，主要取决于质量、风味、品种以及服务。乳制品质量的优劣，重点要关注奶源以及乳制品厂。为提升乳制品质量，海河乳业将现代科技与乳制品生产相结合，形成了一家"现代化奶源基地供给全部奶源+100%奶源为绿色食品"的奶源质量安全保障模式，奶源质量安全指标进一步提升。结合国家出台的推进奶业振兴意见，海河乳业在现有的常温、低温两大系列的基础上，针对高端消费人群和青年一代设计出有机酸奶和瓶装巴氏奶两种产品，以更好地满足不同消费者的消费偏好。

6.3.2 上海推进四个"100+"行动目标的经验借鉴

作为国际化城市，上海电子商务发展具有显著的特点。根据《人民日报》相关数据，2020年上半年，上海网络零售额达到1 227亿元，同比增长5%；国庆期间，上海线上零售额为358.6亿元，同比增长15.7%。此外，2020年10月9日，上海市政府还与阿里巴巴集团、蚂蚁集团签署战略合作协议，三总部三中心落户上海，为上海电商零售新业态发展带来新机遇。

（1）"100+"行动促电商乳制品快速发展

为推进电商行业发展，上海市制定《上海市促进在线新经济发展行动方案（2020—2022年）》（以下简称《方案》）。为促进在线新经济进一步发展，《方案》明确指出实现四个"100+"行动目标。在乳制品销售方面，上海市整合传统零售方式与电商营销渠道，在线上设立网上超市，在线下发展无人售货超市和智能售货机等终端。同时，为促进电商多方位发展，上海市鼓励开展直播电商、社群电商等智能营销新业态。为推进乳制品标准化建设，提升食品安全质量，上海市支持企业优化乳制品管理体系，依靠网络建设数字化乳制品周转体系，建立产品流动和可溯源性信息平台。同时，在乳制品配送过程中，上海市提出发展"无接触"配送服务，创新冷链物流、限时速送、夜间配送等物流配送模式。通过物业与快递企业达成协议，建立市场化协作机制，在社区内部布设智能储物柜、保温外卖柜等设施，保障"最后一公里"建设。同时，上海市借助科技优势，重点发展无人机、无人车等无人驾驶运载工具，满足城市间、城市内、社区内流通配送需求。通过网络平台建设，整合线上线下服务需求，提高智能化运营调配能力，打造高标准、高质量、高效率的物流服务（如图61所示）。

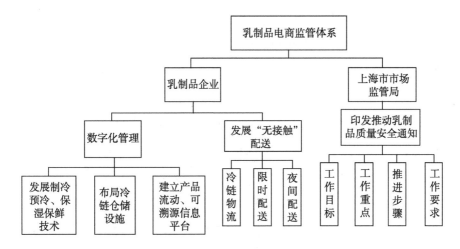

图61　上海乳制品电商质量监管体系

（2）政策优化落实乳制品高质量发展

随着疫情防控常态化发展，许多乳制品企业重点展开线上渠道建设，通过电商直播、社区营销等手段，扩大自身品牌知名度，提升品牌影响力。在疫情防控的背景下，将产品保质保量地运送出市场进而交至消费者手中成为许多企业面临的难题。上海市不仅要求乳制品生产企业保证生鲜乳和乳粉的质量安全，还对辅料、包装料等相关材料提出进一步要求。为保障产品品质，推进上海市乳制品高质量发展，上海市市场监管局印发了《上海市市场监督管理局关于进一步推进乳制品质量安全提升工作的通知》（以下简称《通知》），从工作目标、工作重点、推进步骤和工作要求四个角度，督促乳制品企业落实食品安全主体责任，提升乳制品质量安全水平，推动乳制品产业高质量发展。首先，乳制品企业应落实主体责任。《通知》从生产过程、运输过程以及突发事件处置出发，要求企业完善自身的安全自查制度。其次，要强化落实食品安全监管责任。为落实企业食品安全监管责任，《通知》要求加强监督检查、进行正面引导，通过飞行检查、体系检查、抽检监测以及打击违法违规行为等手段，督促乳制品企业强化食品安全监管意识。最后，要推进乳制品行业高质量发展。在健全质量标准体系建设、行业诚信体系建设、品牌建设以及提升国产婴幼儿配方乳粉四个方面提出建议。通过《通知》的落实与应用，上海市乳制品质量安全得到有效提升，乳制品生产企业的质量管理体系也越发完善。

此外，得益于上海市智慧供应链建设、产品创新、消费者体验的改良升级以及对乳制品质量监管的重视，电商平台上多款乳制品销售取得优异成绩。为满足消费者的品质化、个性化、多元化需求，在开展产品创新的同时，上海市还整合线上线下营销资源，提出"兴趣电商"概念，强化与消费者之间的交流互动，打造直播店铺矩阵模式，推进"立体化"渠道建设，通过满足消费者需求，探索产品未来发展方向。同时，上海市坚持全链条、全主体、全覆盖监管，结合乳制品企业的批批检测等制度，大力提升乳制品质量，将乳制品质量标准对标国际领先水平。

6.3.3 深圳——凭借"当日奶"取胜的经验借鉴

深圳作为全国首个国家电子商务示范城市，该市电子商务行业发展良好，2018年实现2.76万亿元电商交易额，同比增长了14.4%，增速明显领先全国水平。其中，深圳市跨境电商交易额达603.3亿美元（约合人民币3 992.2亿元），同比增长20.3%，高度发展的电商业务为乳制品电商发展带来契机。为推进国家食品安全示范城市创建工作，深圳多方位、多举措提升食品质量安全水平。

（1）深圳乳企凭借"新鲜"取胜

由于深圳消费者对于乳制品"新鲜"的需求非常高，深圳乳企开展"日清"行动。2017年，盒马进入深圳就开始通过自有品牌"日日鲜"挑战"只卖一天"，目前已覆盖蔬菜、肉、牛奶等品类，市场反馈积极。"当日奶"是乳业认同的未来方向，为提升自身的竞争力，盒马与晨光乳业、龙业乳品等7家企业等启动"当日奶"项目，并相应完成供应链升级。深圳作为一个年轻的城市，深圳人愿意尝新，通过"当日奶"项目，深圳市民能喝到最新鲜的奶制品，相关乳企的销量也成倍增加。"当日奶"项目推进半年后，晨光的一款有机奶产品销售额大幅提升，达到以前五倍的水平，企业的销量也实现了较半年前"翻番"。销售额的增长在一定程度上弥补了电商供应链的成本，生产企业和零售商获得双赢发展。

（2）政府多举措保障乳制品质量安全，打造"深圳质量"品牌

市食品药品监管局严格市场准入制度，加强日常监管，强化检验检测，推动乳制品行业结构优化升级，部分乳制品生产企业率先构建产品追溯和控制程序，实现了从原料检验到成品发货的全过程追踪。严格质量控制，打造"深圳质量"品牌。在市食品药品监管局的严格要求下，深圳乳制品生产企业认真落实乳制品质量安全主体责任，全面落实食品安全管理制度，健全内部质量安全管理机构，把好原辅料进厂、生产过程控制和产品出厂检验等三个关口；持续改进质量管理制度，加强诚信体系建设，提高质量安全控制水平和应对突发事件能力，形成乳制品行业"深圳质量"品牌，产品竞争力在国内行业居于领先地位。

深圳企业构建质量管理体系严格质量控制，市内4家乳制品生产企业严格落实食品安全的主体责任，全部取得了包括危害分析和关键控制点（HACCP）体系在内的两种以上体系认证，均配套有完善齐全的质量体系手册、程序文件、作业指导书、检验报告及产品标准等。其中，雅贝氏、绿雪、晨光等公司拥有独立的产品追溯和控制程序、完善的记录和标识系统，通过详细的记录，实现从原料检验到成品发货的全过程追踪。

在源头控制及产品质检上，晨光公司拥有5个大型良种奶牛基地，采用奶牛规模化集中饲养模式，拥有全自动的挤奶系统，并有专门的防疫部门负责奶牛的健康检疫和预防接种等工作。晨光为每头奶牛建立了遗传档案和健康档案，早在1982年晨光就实现了无抗奶的生产，是国内最早生产无抗奶的企业。绿雪公司通过供应商评估与确认、来料检验、对供应商现场评审几个层次对原料进行严格控制，对于正式确定的供应商，来料验收时，实行批批全项目检测制度。该公司还设立有独立的质量部门及专门质检中心，负责公司原料验收、产品质量检测，可实现国家标准中对发酵乳所有检测项目

的批批检测。 时代乳业公司原奶牛饲养及乳品加工基地发展为"公司＋承包者"的饲养方式，公司可控制奶牛头数已达到 3 000 多头，形成了足够的奶源储备。雅贝氏公司在原料入厂、生产过程把控、产品出厂检验等重要环节，都根据国家及欧盟标准建立严密的企业生产与检验标准，先后引进德国、美国等国家的先进生产设备与检测仪器，检测能实现国家要求的婴幼儿配方乳粉全项目检验和自主研发的需求。

企业高标准检验产品质量。目前，晨光公司原料奶标准是对照世界上发达国家和地区（包括英国、中国香港）的标准而制定的，其各项指标比《食品安全国家标准 生乳》（GB19301—2010）的要求都要严格，此外，该公司特级牛奶的脂肪已达到美国、澳大利亚、新西兰等国的生奶要求；蛋白质已达到欧盟、美国、澳大利亚、新西兰等国的生奶要求。绿雪公司制定乳制品原辅料和成品检测标准时参考欧盟的标准要求，因地制宜，选择对我国消费者影响较大的指标加以严格控制，雅贝氏公司除了对国标中规定的项目全检验外，对国标中没有规定的汞、砷、铬、氯霉素等项目也在开展自行检验；同时，每季度也委托第三方检测机构对进厂原料进行铝、黄体酮、双酚A、青霉素类、磺胺类等15项风险项目检验监测。深圳市将进一步增加研发团队的建设，使产品从配方的合理性、安全性及营养结构上更具科学性和适用性，并将继续投入培训费用，进一步提升一线生产人员及质量管理人员的业务技能，将标准化生产工作与国际接轨。

（3）深圳市严格落实乳制品质量检测机制

面对深圳市乳制品的高质量发展，市食品药品监管局表示将继续精益求精，创新监管方式，贯彻落实新食品安全法关于对婴幼儿配方食品生产企业实施婴幼儿配方乳粉的产品配方注册等要求，探索食品安全审计，开展食品生产企业原材料普查工作。全面掌握食品生产企业原材料使用现状，对食品生产企业确定质量安全等级，探索分类分级监管，提高食品生产企业质量管控能力和行政部门监管效能。同时还将加大对深圳市的乳制品生产企业的扶持力度，促进深圳食品生产企业整体质量提升。进一步加强乳制品生产企业监管，加强乳制品检验监测，加大打击违法违规行为力度，推动企业建立完善电子追溯体系，引导企业加强创新研发，推动乳制品产业高质量发展。

6.4 小结

本部分通过梳理协同治理下的电商乳制品安全监管路径，提出完善安全监管体系的五大步骤，即明确监管目标、树立监管原则、构建监管方案、评价监管绩效、持续监管优化等，并进一步构建安全监管的实施方案，包括"互联网+"监管信息大数据平台、乳制品电商信息溯源体系、协同治理信息反馈机制三大管理方案。同时，结合国内外电商乳制品安全监管经验，从法律制度构建、多元主体参与、社会保障制度、监管机制等方面进行总结，为提出协同治理背景下电商乳制品安全监管的政策建议指明政策方向和给予实践启示。

第 7 章

协同治理的电商乳制品安全监管的政策建议

为解决北京电商乳制品安全监管中的现存问题，逐步形成协同治理的监管机制与体系，调整各方主体监管职能，重塑政府治理模式，发挥多元协同监管的优势，促进电商领域与乳制品产业的健康发展，充分保障消费者的权益以及满足消费者安全满意消费的需要，本研究提出以下政策建议。

一、进一步完善电商食品质量安全立法，营造法制氛围

我国迈向现代国家治理阶段的重要标志就是法治、和谐与稳定发展，其中法治是实现社会和谐、经济稳定的重要保证。在电商乳制品安全监管问题上，法制化监管体系的建立，是从根本上形成高压设计、严格管理、强制力约束和长效运作的基础，"立法先行"才能真正推动北京市乳制品生产经营、流通消费全产业链的健康发展，并起到对其他食品行业监管的示范作用。另外，随着电商交易模式、主体、内涵等快速演进，导致交易的隐蔽性和监管的专业性进一步提升，原有的法律法规体系已不能满足监管工作的实践需要，保持法制建设的"先进性"的重要意义更为凸显。因此，国家相关立法机构，应进一步加强电商平台相关立法工作，尤其针对食品等与人民生命健康密切相关的领域，采用更为严格的责任制度、更为高昂的侵权赔偿成本，加重电商食品的供应链主体的责任负担，切实保障消费者的合法权益。作为全国电商示范城市，北京市政府部门应联合市场监督管理局、农业局、发改委、网信办、交通局、邮政局、广播电视局等相关部门，统筹监管资源、梳理监管节点分工，优化监管职能布局，通过制定相关法规和政策，加大对电商食品源头和流程的监管力度，把消费者的售后反馈作为监管工作的重点绩效考核指标，切实把消费者作为监管工作的核心参与者和根本评价者。

二、构建多元主体协同的监管机制，完善监管体系建设

根据第 5 章、第 6 章内容，可知基于整体治理理论框架下的多元主体协同监管体系，是破解目前北京电商乳制品安全监管存在的监管与实践需求不匹配、新兴电商模式监管缺失、供应链数据利用率低等关键问题的"金钥匙"。所以，构建多元主体参与协同监管的机制，通过信息共享、分段管理、充分互动和机制政策保障，实现对电商乳制品供应链的全链监管。而建立该机制的关键措施有：一是不同职能的监管主体在政府这个核心监管主体的安排引导下，基于共享的信息平台形成监管同盟；二是监管主体间通过协调和磋商，形成合作规则和行动准则，比如消费者的反馈信息是否能由第三方进行汇总和提炼，政府对精练后的消费者反馈是否能给予及时的应答，乳制品加工企业和电商平台是否能对反馈进行迅速有效的售后处理，对于物流配送环节是否能根据消费者反馈进行调整优化，这一过程又是否能够受到政府的行政监督管理和第三方的社会监督约束等；三是多元主体间应建立关联协同任务方案，对重大食品安全事件建立沟通协调机制，能够使食品安全事件信息展开快速的社会传播，减少消费者不必要的人身与财产损失，加强社会公共治理效果。

三、加强监管参与度与政策宣传力，树立政府公信力

由第 3 章研究可知，消费者对食品安全监管的了解和信任程度，对消费者在电商平台的乳制品购买意愿有显著正向影响。因此，政府应加强对食品安全监管相关政策措施的宣传力度，如举办深入社区的食品安全宣传周活动、举办食品安全监管知识社会问答竞赛等，这些宣传活动将有助于消费者提升对电商乳制品安全监管的认知，同时也有利于引导消费者积极参与监管体系建设，充分发挥售后反馈的作用。通过消费者踊跃提供消费信息数据，才能实现协同治理反馈机制的建立与运行。再者，借助乳制品销售的各类电商平台，加大对食品安全监管制度法规和监督义务的宣传。例如，在电商乳

制品销售的页面给予安全监管帮助相关的提示等，增强消费者对政府食品安全监管部门严格监管、贯彻执行的信心，提升政府行政监管的公信力，也同时促进了消费者的电商乳制品消费水平的提升。

四、完善售后服务与第三方认证，促进电商乳制品市场良性发展

由第3章研究可知，消费者的维权难度感知对消费者在电商平台的消费意愿有显著负向影响，政府应督促平台完善电商乳制品相关的售后服务和应答反馈系统，及时处理电商乳制品的售后赔偿和退换货等问题，并要求电商平台向政府监管部门开放售后服务评价系统后台数据，公开消费者对售后服务的评价内容等。同时，政府结合"互联网＋"监管信息大数据平台与乳制品电商信息溯源体系的数据，快速定位导致消费售后问题的源头问题，积极为需要维权的消费者提供法律与政策帮助，降低消费者在电商平台购买乳制品时的感知风险。此外，政府和乳制品行业协会要协同加强规范第三方认证体系，形成电商乳制品销售平台渠道和企业品牌的声誉价值。在我国电商乳制品领域里一直缺少权威的第三方认证，由于企业存在不实宣传和行业协会自律监督不足等原因，消费者对国内的认证缺乏信心，导致在电商平台购买乳制品时更青睐海外品牌或外国机构认证。所以，政府联合行业协会、媒体、科研机构等第三方主体，构建有公信力和权威性的第三方认证，通过严格审批和充分公开信息，提升电商平台和国产乳制品的声誉和影响力，培养消费者对国产乳制品的品牌忠诚度。

五、积极引导乳制品企业提供高质量产品，推进供给侧改革与行业优化升级

根据第4章和第5章的研究，电商乳制品的消费者对价格不敏感，但对品质高度关注，提供高质量产品后消费满意度更高且乳制品企业的收益也更高，所以乳制品企业的生产供给应当向提供高质量产品方向发展。需要说明

的是，高质量并不等同于"高端化"，只是对质量低下、仅有价格优势的低质量产品进行严格管理和淘汰升级。这就需要乳制品企业不断加大产品研发和生产工艺科技创新的力度，在尽可能控制成本的基础上，实现乳制品质量的整体提升。再者，政府部门要严惩乳制品企业的违规生产行为，构建生产源头的原料监管，对养殖环节的原料奶、与海关部门协同对进口大包奶粉和生鲜奶等加强质量监管，对于养殖场、乳制品企业的违法行为采取"零容忍"的态度。此外，政府相关主管部门也要建立品质管理优良企业的奖励政策，促进优秀企业和平台的发展，对行业启动示范工程，配合农业主管部门、食品工业主管部门，推动乳制品产业的优化升级和供给侧改革事业。

六、重点建成三大信息共享管理平台，完善社会化监管

诚实信用是监管工作的基石，而信息的获取与共享是督促诚信建立的关键。根据本研究设计的"5-3-3"监管体系优化方案，切实建设包括"互联网+"监管信息大数据平台、乳制品电商信息溯源体系、协同治理信息反馈机制在内的三大信息共享平台。以平台的信息发布和联合为手段，增加失信主体的舆论和道德压力，也为社会大众参与监督共治提供参考依据，掐灭不良经营行为的生存机会，并塑造和促进良性经营环境，推动电商乳制品供应链相关市场诚信交易文化的建设。同时，也基于信息平台开展主体互动，缓解和消除市场主体间的冲突，化解消费者与电商平台、物流配送服务企业、乳制品加工企业等之间的矛盾与契约风险，促进电商相关领域的社会和谐，保障企业和个人的合法权益。

附　录

北京市居民乳制品电商消费调查问卷

尊敬的女士/先生：

您好！我们正在进行一项北京市居民乳制品线上消费的调查研究，您的意见对我们非常重要，它对准确分析北京未来线上消费生鲜乳及乳制品的需求数量结构与食品安全监管等问题，为政府有关部门和有关企业提供必要的预测和决策数据，更好地为北京市消费者服务，将提供有益帮助，谢谢您的支持与合作！

A. 受访者基本信息

A1. 您的性别是：_____【①男　②女】

A2. 您的年龄是：_____【①18～30岁　②31～50岁　③51～65岁　④其他】

A3. 您的文化程度是：_____

【①小学以下水平　②初中　③高中/中专/技校　④大专及大学本科　⑤研究生】

A4. 您的职业是：_____【①党政机关及事业单位工作人员　②个体户　③自由职业者　④学生　⑤农民　⑥雇员　⑦待业或退休　⑧其他，请注明】

A5. 您长期居住（一年中6个月以上）的区县：_____

A6. 与您共同生活的家庭成员共有几人？_____

【填写具体数字，如果是外省市在京住校大、中学生，家庭成员仅填1人】

A7. 您的家庭月收入水平：_____

【①5 000元及以下　②5 001～10 000元　③10 001～20 000元　④20 001～50 000元　⑤50 001元以上】

A8.您的家庭平均每月消费乳制品的数量：＿＿＿＿＿＿

【①少于1千克　②1～5千克　③5～10千克　④10千克以上】

B. 电商消费乳及乳制品基本情况

B1.对于下列乳制品，请问您和您的家人通常最喜欢在电商平台选择的品牌是：（限选三项并排序，如不足三项可不全填）

B1.1 液态奶：（　　　）（　　　）（　　　）

B1.2 酸奶：（　　　）（　　　）（　　　）

B1.3 含乳饮料或冷饮：（　　　）（　　　）（　　　）

附品牌代码

品牌	代码	品牌	代码	品牌	代码	品牌	代码
伊利	1	娃哈哈	11	新西兰凯蓓蒂	21	德亚	31
蒙牛	2	吉百利	12	DQ冰雪皇后	22	马迭尔	32
光明	3	养乐多	13	钟薛高	23	延世牧场	33
三元	4	银鹭	14	日本明治	24	雪凝	34
达能	5	晨光	15	日本森永	25	雅培	35
培芝	6	味全	16	和路雪	26	澳牧	36
雀巢	7	新希望	17	八喜	27	圣元	37
旺仔	8	达利园	18	北海牧场	28	法优乐	38
宏宝莱	9	天润	19	卡士	29	农户奶（厂家与农户直供）	39
惠氏	10	哈根达斯	20	兰维乐	30	其他	40

B2.您选择电商乳制品的最主要考虑的原因：＿＿＿＿＿（单选）

【①购物快捷，节省时间　②价格较线下购买更便宜　③商品种类齐全，品牌信息多　④物流配送，方便省力　⑤其他原因，请注明】

B3.您觉得以下哪方面是您对电商乳制品最有所顾虑的：＿＿＿＿＿＿（单选）

【①产品质量　②商品售后服务　③支付安全　④物流速度　⑤其他原因，请注明】

B4.您的日常乳制品消费中，通过电商消费的比例达到多少？＿＿＿＿＿＿（单选）

【 ①10%以下　②10%～30%　③30%～50%　④50%～80%　⑤80%以上 】

B5.您每月电商乳制品的消费为：_____（单选）

【 ①100元以下　②100～300元　③300～500元　④500～1000元　⑤1000元以上 】

B6.目前您的乳制品电商消费体验如何？（在相应分数栏内打钩）

项目	分数								
商品质量	1分	2分	3分	4分	5分	6分	7分	8分	9分	10分
商品种类	1分	2分	3分	4分	5分	6分	7分	8分	9分	10分
商品价格	1分	2分	3分	4分	5分	6分	7分	8分	9分	10分
商品包装	1分	2分	3分	4分	5分	6分	7分	8分	9分	10分
物流速度	1分	2分	3分	4分	5分	6分	7分	8分	9分	10分
物流质量	1分	2分	3分	4分	5分	6分	7分	8分	9分	10分
售后服务	1分	2分	3分	4分	5分	6分	7分	8分	9分	10分
退货流程	1分	2分	3分	4分	5分	6分	7分	8分	9分	10分
退货效率	1分	2分	3分	4分	5分	6分	7分	8分	9分	10分

B7.您目前主要使用哪种类别的电商平台购买乳制品，请大致写出各平台购买乳制品的比例（没有的填0）：①综合电商_____，②垂直电商_____，③社交电商_____，④传统零售电商_____（填写具体百分数）。

类别	相关网站平台
①综合电商	淘宝、天猫、京东、苏宁易购、国美在线、唯品会、当当购物……
②垂直电商	母婴类：婴童频道、唯爱母婴、贝贝网……
	生鲜类：中粮我买网、每日优鲜、顺丰优选……
③社交电商	拼多多、抖音、淘宝直播、小红书、快手、微商、社区团购……
④传统零售电商	盒马鲜生、京东7Fresh、永辉超级物种、掌鱼生鲜……

B8.根据您B7题选择的占比最大的购买途径，请说明比较青睐该途径的主要原因：_____（多选并排序）

【①价格更便宜　②品种更丰富　③更方便快捷　④受亲朋邻里影响　⑤受媒体宣传影响　⑥惯性使用　⑦老用户有更多优惠　⑧其他_____（请注明）】

B9.从目前来看，您更愿意网购哪种乳制品？_____（多选）

【①巴氏奶（冷链配送）　②常温纯牛奶　③含乳或乳酸菌饮料　④含乳冷饮（冷链配送）　⑤酸奶（冷链配送）】

B10.在电商平台购买低温冷链乳制品时，您是否会认真检查包装是否符合冷链要求？_____（单选）

【①从不　②偶尔会　③经常会　④总是认真检查　⑤不购买冷链乳制品】

B11.当在电商平台购买乳制品发现质量或数量问题时，您通常会如何反馈意见？_____（多选）

【①给中差评　②联系售后退换货　③联系商家退换货　④要求商家补偿　⑤自认倒霉，不反馈（选择该项跳转到B13）】

B12.当在电商平台购买乳制品发现质量或数量问题时，您反馈后平台及商家的处理是否符合您的预期要求？_____（多选）

【①售后最终没有解决　②给予了补偿但不符合预期　③给予了合理的补偿　④给予了超出预期的补偿】

B13.在电商平台购买乳制品时，您最常或最担心遇到的售后问题：_____（可多选）

【①少发、漏发货物　②剩余保质期太短或已过保质期　③产品包装破损　④物流不及时　⑤配送地点准确度低或不送货上门　⑥其他_____（请注明）】

C. 对在电商平台购买乳制品质量安全的认识和态度

C1.您对目前从电商平台购买乳制品的整体满意度：_____

【①非常不满意　②不满意　③一般　④满意　⑤非常满意】

C2.您对电商乳制品食品质量安全问题的关心程度：_____

【①未听说　②不关心　③不太关心　④比较关心　⑤十分关心】

C3.您对从电商平台购买乳制品质量安全的信任程度：_____

【①非常相信　②相信　③一般　④不相信　⑤非常不相信】

C4.您判断乳制品质量安全的辨识依据是什么？（在相应"重要程度"栏内打勾）

项目	重要程度				
保质期	1非常不重要	2不重要	3有些重要	4重要	5非常重要
奶源地	1非常不重要	2不重要	3有些重要	4重要	5非常重要
价格	1非常不重要	2不重要	3有些重要	4重要	5非常重要
制作技术	1非常不重要	2不重要	3有些重要	4重要	5非常重要
品牌	1非常不重要	2不重要	3有些重要	4重要	5非常重要
包装形式	1非常不重要	2不重要	3有些重要	4重要	5非常重要
广告	1非常不重要	2不重要	3有些重要	4重要	5非常重要
售后	1非常不重要	2不重要	3有些重要	4重要	5非常重要
物流	1非常不重要	2不重要	3有些重要	4重要	5非常重要

C5.您是否因为担心电商平台购买乳制品的质量安全问题，而放弃过交易？_____【①是　②否】

如果是，您认为网络购买乳制品的不安全因素是什么？_____

C6.您是否愿意支付更多费用在电商平台购买好评率较高的乳制品？_____
【①是　②否】；如果是，您愿意支付的溢价比例：_____【①0～10%
②11%～20%　③21%～30%　④31%～40%　⑤41%～50%　⑥50%
以上】

C7.您是否愿意在电商平台支付更多费用购买冷链保鲜的乳制品？_____
【①是　②否】；如果是，您愿意支付的溢价比例：_____【①0～10%
②11%～20%　③21%～30%　④31%～40%　⑤41%～50%　⑥50%以上】

C8.您是否愿意在电商平台支付更多费用购买进口的乳制品？_____

【①是　②否】；如果是，您愿意支付的溢价比例：_____【①0～10%

②11%～20%　③21%～30%　④31%～40%　⑤41%～50%　⑥50%以上】

C9.新冠肺炎疫情发生后，您是否愿意采用电商购物的方式购买乳制

品：_____【①是　②否】；如果是，您增加网络购买占全部购买乳制品的

比例：_____【①10%～30%　②30%～50%　③50%～70%　④70%～90

%⑤90%】

C10.新冠肺炎疫情发生后，您是否更注意电商购买的乳制品的质量安

全？_____【①是　②否】

C11.您在电商平台购买乳制品后，是否会对产品进行评价？_____

【①是　②否】；如果是，您习惯在哪里发布您的评价？_____【①电商

平台　②微博、微信朋友圈等社交平台　③小红书、抖音、快手等媒体平

台　④其他_____（请注明）】

C12.您在电商平台购买乳制品后，主要参考哪些因素选择购买的品

种？_____（多选并排序）

【①好评率　②中差评　③价格及优惠活动　④搜索排序　⑤包装喜爱

度　⑥营养成分　⑦惯性购买　⑧其他_____（请注明）】

D. 对在电商平台购买乳制品维权与监管的认识

D1.您在电商平台购买乳制品的过程中，遇到食品安全问题的次数大概

在购买乳制品的订单中所占比重：_____

【①从没有（0%）　②10%以下　③0%～30%　④30%～50%　⑤50%

以上】

D2.您对相关部门对在电商平台购买的乳制品质量安全监管的信任

度：_____（1～10分打分，分数越高表示越信任）

D3.您对相关部门对在电商平台购买的乳制品质量安全监管的满意

度：_____（1～10分打分，分数越高表示越满意）

D4.当您在电商平台购买的乳制品发生安全问题时，您认为最好的解决方式：_____（可多选）

【①自认倒霉，再也不去这家网店消费　②和乳制品卖家协商，要求退换货　③向电商平台投诉，要求赔偿　④找媒体曝光　⑤向消费者协会等社会组织投诉　⑥向政府有关部门投诉　⑦其他_____（请注明）】

D5.您了解关于电商乳制品质量安全监管的相关法律吗？【①比较了解　②知道一点　③不了解】

D6.您了解关于电商乳制品质量安全监管的相关部门和渠道吗？【①比较了解　②知道一点　③不了解】

D7.您认为关于电商乳制品质量安全监管的相关信息宣传充分吗？【①不充分　②比较充分　③非常充分】

D8.您认为现阶段在电商乳制品消费过程中遇到问题时维权难吗？【①困难　②一般　③容易】

如果困难，您认为维权难的主要原因有哪些？（可多选）_____【①消费者维权意识淡薄　②时间成本高　③取证举证困难　④其他_____（请注明）】

D9.您认为电商乳制品消费中质量安全监管的最重要的监管主体是谁？

【①平台　②厂商　③消费者　④政府　⑤行业协会　⑥媒体　⑦其他_____（请注明）】

D10.您认为电商乳制品的质量安全监管中的消费者反馈意见是否能影响监管力度和产品质量？

【①完全不能影响　②一定程度影响　③较大程度影响　④完全能够影响】

非常感谢您的配合与参与，祝您生活愉快、身体健康、万事顺意！

受访者姓名：_____　　　访问员姓名：_____

受访时间：____年____月____日　　问卷编号：_____

参考文献

[1] 常乐，刘长玉，等.社会共治下的食品企业失信经营问题三方演化博弈研究[J].中国管理科学，2020，28（9）：221-230.

[2] 陈小霖.供应链环境下的农产品质量安全保障研究[D].南京：南京理工大学，2007.

[3] 陈彦丽.食品安全社会共治机制研究[J].学术交流，2014（9）：122-126.

[4] 崔卓兰，宋慧宇.论我国食品安全监管方式的多元化[J].华南师范大学学报（社会科学版），2010（3）：17-22.

[5] 顾东晓，等.基于期望确认理论的社交网络正向舆情信息传播模型研究[J].情报科学，2016（4）：29-36.

[6] 顾亦青.关于网购中网络互动对消费者购买意愿的影响研究[D].上海：上海外国语大学，2018.

[7] 郭延景，吴强，孙世民.乳制品加工企业质量控制策略进化博弈分析[J].科技和产业，2017，17（10）：65-71.

[8] 蒋凌琳，李宇阳.消费者对食品安全信任问题的研究综述[J].中国卫生政策研究，2011，4（12）：50-54.

[9] 李宝玉，等.基于社交网络的电子商务特征及精准营销模式研究[J].物流工程与管理，2015（7）：160-162.

[10] 李静.从"一元单向分段"到"多元网络协同"：中国食品安全监管机制的完善路径[J].北京理工大学学报，2015（4）：93-97.

[11] 李宁，杨大进，郭云昌，等.我国食品安全风险监测制度与落实现状分析[J].中国食品学报，2011，11（3）：5-8.

[12] 李雅萍.社会共治视角下网络购物产品质量监管的多方博弈研究[D].济南：山东大学，2019.

[13] 栗卫清，刘芳，何忠伟.北京农村乳制品消费水平与影响因素[J].中国乳品工业，2018，46（1）：37-40.

[14] 刘飞，孙中伟.食品安全社会共治：何以可能与何以可为[J].江海学刊，2015（3）：227-233.

[15] 刘艳秋，周星.基于食品安全的消费者信任形成机制研究[J].现代管理科学，2009（7）：55-57.

[16] 苗珊珊，李鹏杰.基于第三方检测机构的食品安全共治演化博弈分析[J].资源开发与市场，2018，34（7）：912-918.

[17] 倪永品.食品安全、政策工具和政策缝隙[J].浙江社会科学，2017（2）：66-74.

[18] 潘煜，张星，高丽.网络零售中影响消费者购买意愿因素研究：基于信任与感知风险的分析[J].中国工业经济，2010（7）：115-124.

[19] 桑秀丽，肖汉杰等.食品市场诚信缺失问题探究：基于政府、企业和消费者三方博弈关系[J].社会科学家，2012，（6）：51-54.

[20] 史建文，马军，齐培潇.企业责任与监管机构的博弈分析：基于乳制品企业的行为分析[J].内蒙古财经学院学报，2011（2）：31-34.

[21] 孙淑慧.基于演化博弈的多主体参与下食品质量监管机制研究[D].济南：山东师范大学，2019.

[22] 佟烁.消费者视角下网售进口食品安全监管满意度的影响因素实证分析[D].大连：东北财经大学，2018.

[23] 涂家鑫.可追溯农产品供应链中质量安全监督意愿问题研究[D].杭州：浙江工业大学，2020.

[24] 王崇民，林雨晨.从监管、电商看我国乳品行业发展[J].食品安全导刊，2015（25）：18-21.

[25] 王敦海.网购模式下消费者重复购买意愿的影响因素研究：基于顾客价值理论和习惯的调节效应[J].商业经济研究，2018（23）：13-15.

[26] 王铁骊，向楚尧.动态博弈视角下的第三方外卖平台上食品安全研究[J].南华大学学报，2020，21（2）：55-60.

[27] 王文信，孙乾晋.消费者信任对乳制品购买意愿的影响研究[J].中国畜牧杂志，2017，53（7）：133-137.

[28] 魏云凤.基于社会责任视角的乳制品安全问题博弈研究[D].重庆：西南大学，2013.

[29] 乌云花，等.农村消费者对乳品质量与安全的认知及其对消费的影响：以内蒙古科右前旗液态奶消费为例[J].中国畜牧杂志，2020，56（11）：195-198.

[30] 吴菊华，等.社会化电子商务模式创新研究[J].情报科学，2014（12）：48-52，66.

[31] 吴强.乳品供应链质量协同控制及其运行机制研究[D].泰安：山东农业大学，2020.

[32] 谢康，刘意，肖静华，刘亚平.政府支持型自组织构建：基于深圳食品安全社会共治的案例研究[J].管理世界，2017（8）：64-80，105.

[33] 谢康，等.媒体参与食品安全社会共治的条件与策略[J].管理评论，2017（5）.

[34] 星图数据.2018Q1中国乳品B2C电商市场分析报告[EB/OL].http：//www.syntun.com.cn.

[35] 杨斌，晁伟鹏.基于顾客价值理论的奶粉品牌竞争优势实证研究[J].中国畜牧杂志，2014，50（6）：15-18，24.

[36] 徐国钧，李建琴，刘浩天.消费者网购蜂蜜意愿的影响因素研究：基于问卷调查的实证分析[J].中国蜂业，2018，69（4）：63-68.

[37] 杨倍贝.具有可追溯性食品市场的博弈分析[J].农技服务，2016，33（14）：12-13.

[38] 叶碧涵，孙绍荣.基于三方博弈模型的外卖合谋监管制度设计[J].电子商务，2019（7）：13-16.

[39] 尹相荣，洪岚，王珍.网络平台交易情境下的食品安全监管：基于协同监管和信息共享的新型模式[J]. 当代经济管理，2020（3）.

[40] 于海龙，李秉龙.中国城市居民婴幼儿奶粉品牌选购行为研究：以北京市为例[J].统计与信息论坛，2012，27（1）：101-106.

[41] 于欣，吕晓明.利用政府监管消除寡头垄断市场中的恶性竞争：以中国乳制品市场为例 [J].大连民族学院学报，2012，14（2）：137-139.

[42] 张峻豪.我国食品安全监管及其模式变迁：一个产权理论的分析框架 [J].宏观质量研究，2014（1）：69-73.

[43] 张雷.GM常温酸奶上海消费者购买行为影响因素研究 [D].扬州：扬州大学，2019.

[44] 张敏琪.河北居民线上乳制品消费意愿影响因素研究 [D].保定：河北农业大学，2019.

[45] 张淑萍.消费者对乳品品牌信任的影响因素研究：以北京市为例 [J].中国畜牧杂志，2013，49（10）：33-36.

[46] 张紫薇.质量安全规制背景下政企博弈行为分析：以乳制品行业为例 [D].大连：东北财经大学，2015，29：131-132.

[47] 赵德余，唐博.食品安全共同监管的多主体博弈 [J].华南农业大学学报（社会科学版），2020，19（5）：80-92.

[48] 赵冬梅，纪淑娴.信任和感知风险对消费者网络购买意愿的实证研究 [J].数理统计与管理，2010，29（2）：305-314.

[49] 赵鹏.超越平台责任：网络食品交易规制模式之反思 [J].华东政法大学学报，2017（1）：60-71.

[50] 种中娇，张红霞.网购食品安全监管演化博弈分析 [J].佳木斯职业学院学报，2018（12）：416-418，420.

[51] 周开国，杨海生，伍颖华.食品安全监督机制研究：媒体、资本市场与政府协同治理 [J].经济研究，2016，51（9）：58-72.

[52] 周新宇.供应链视角下我国食品安全信息披露博弈分析 [D].哈尔滨：黑龙江大学，2017.

[53] 朱立龙，孙淑慧.消费者反馈机制下食品质量安全监管三方演化博弈及仿真分析 [J].重庆大学学报，2019（3）：94-107.

[54] Antle J M. Benefits and Costs of Food Safety Regulation[J]. Food Policy,

1999, 24（6）: 605-623.

[55] Rad A A, Benyoucef M. A Model for Understanding Social Commerce[J]. Journal of Information Systems Applied Research, 2010, 4（2）: 63-73.

[56] Bauer R A. Consumer Behavior as Risk Raking [C]. Hancock R S., Dynamic Marketing for a Changing World. Proceedings of the 43rd. Conference of the American Marketing Association, 1960: 389-398.

[57] Biles R. Southern Paternalism and the American Welfare State: Economics, Politics, and Institutions in the South, 1865-1965[J].Southern Economic Journal, 2000, 86（4）: 1794-1821.

[58] Chen C C, et al. Quality control in food supply chain management: An analytical model and case study of the adulterated milk incident in China[J]. International Journal of Production Economics, 2014, 152: 188-199.

[59] Coglianese C, Kagan R. Regulation and regulatory processes[M]. Aldershot: Ashgate, 2007.

[60] Eouvière E, Caswell J A. From Punishment to Prevention: A French Case Study of the Introduction of Co-Regulation in Enforcing Food Safety [J].Food Policy, 2012, 37（3）: 246-254.

[61] Lachenmeier D W, Löbell-behrends S, Böse Marx G W. Does European Union food policy privilege the internet market? Suggestions for a specialized regulatory framework[J]. Food Control, 2013, 30（2）: 705-713.

[62] Jonge J. de, et al. How trust in institutions and organizations builds general consumer confidence in the safety of food: A decomposition of effects[J]. 2008, 51（2）: 35-41.

[63] Murray K B, Schlacter J L. The impact of services versus goods on consumers' assessment of perceived risk and variability[J].Journal of the Academy of Marketing Science, 1990, 18（1）: 51-65.

[64] Kim S, Park H. Effects of various characteristics of social commerce

（s-commerce）on consumers trust and trust performance[J].International Journal of Information Management, 2013, 33（2）: 318-332.

[65] Aung M M, Chang Y S. Traceability in a food supply chain: Safety and quality perspectives [J]. Food Control, 2014, 39: 172-184.

[66] Brashears M M, Chaves B D. The diversity of beef safety: A global reason to strengthen our current systems [J]. Meat Science, 2017, 132: 59-71.

[67] Magill M E. Congressional control over agency rulemaking: the Nutrition Labeling and Education Actfs hammer provisions[J].Food & Drug Law Journal, 1995, 50（1）: 149.

[68] Martinez M G, Fearne A, Caswell J A, Henson S. Co-regulation as a Possible Model for Food Safety Governance: Opportunities for Public–private Partnerships[J]. Food Policy, 2007.

[69] Osborne M J, Rubinstein A. 1994, A Course in Game Theory[M]. Cambridge and London: The MIT Press, 1974.

[70] Zhao X S, Reconsidering Baron and Kenny: Myths and Truths about Mediation Analysis[J]. Journal of Consumer Research, 2010, 37（2）: 197-206.

[71] Resnick P, Zeckhauser R, Friedman E, Kuwabara K.Reputation Systems[J]. Communications of the ACM, 2000, 43（12）: 45-58.

[72] Romano D, Cavicchi A, Rocchi B, et al. Costs and Benefits of Compliance for HACCP Regulation in the Italian Meat and Dairy Sector[C]. Seminar, February 8-11, 2004, Zeist, the Netherlands. European Association of Agricultural Economists, 2004: 1-10.

[73] Sandra M, Forsythe, Bo Shi. Comsumer patronage and risk perceptions in Internet shopping[J] .Journal of Business Research, 2003, （5）: 71-77.

[74] Willem Z, Trienekens J. Quality assurance in food and agribusiness supply chains: developing successful partnerships[J].International Journal of

Production Economics, 1999: 60-61, 271-279.

[75] Wood C M, Scheer L. Incorporating perceived risk into models of consumers deal assessment and purchase intent [J]. Advance in Consumer Research, 1996, 23（1）: 399-404.

[76] Yang X T, et al. A real-time agro-food authentication and supervision system on a novel code for improving traceability credibility[J]. Food Control, 2016, 66: 17-26.